지혜로
살아내는 믿음

지혜자 2

지혜로 살아내는 믿음

Harry Kim 지음

"믿음은 말이 아니라 지혜로 살아내는 것이다"

더메이커

서 말의 구슬을 꿰는 것은 지식(기술)이고 상품화시켜 이익을 남기는 것은 지혜다. 오늘날 지혜는 '아이디어-생산성-상품성-이익(유익)'으로 이어지는 과정과 대단히 밀접한 단어이다.

biblehub.com에 의하면, 구약에는 지혜를 뜻하는 단어들이 있다. 숙련도와 신중함을 뜻하는 하크마(חָכְמָה)가 있고, 지혜와 통찰력을 표현하는 비나(בִּינָה)는 '이해'와 '사물을 구분하는 능력'을 뜻한다. '이해', '분별력', '지성'을 의미하는 테부나(תְּבוּנָה)는 기술, 통찰력, 추론 등을 뜻하기도 한다. 다아트(דַּעַת)는 '지식', '인지', '의식'을 의미하며, 단순한 지적 이해보다는 더 깊고 체험적인 깨달음을 뜻한다.(잠 1:2) 마지막으로 메지마(מְזִמָּה)는 '계획'이나 '계책'을 의미한다.(잠 1:4)

지혜를 뜻하는 위의 다섯 단어의 뜻들을 21세기 문법으로 풀어내자면, 지혜란 전인적 이해와 성숙한 통찰, 신중한 분별로 우리에게 유익한 또는 유해한 모든 에너지를 레버리지하여 지속적인 가치를 만들어내는 기술(art)이다. 동시에 행-불행, 기쁨-슬픔 등 직면한 모든 상황을 지속적인 화해와 평안으로 만들어내는 실천력이자, 공익적으로는 이타적 삶을 살아내고 또 다자적 연대를 통해 정의와 화평을 이루어 내는 능력이다.

이 책은 믿음, 분별, 일상, 영성, 사명과 사역, 기도, 가정, 재정, 일과 일터 등의 아홉 장으로 구성되어 있다. 처음부터 아홉 장으로 꾸밀 것을 계획하고 집필한 것이 아니라, 지인들과 함께하는 단톡방에 무작위로 연재했던 실천적 지혜(phronesis)들을 모아 편리 상 아홉 장으로 분류한 것이다. 때문에 이 책은 각 장의 주제들을 파편적이며 비체계적으로 정리했다는 한계를 벗어날 수 없다. 독자들의 너그러운 이해를 바란다.

이 책이 나오기까지 지원을 아끼지 않으신 장재중 회장님과 선주문을 해주신 분들, 편파적인 응원과 격려로 힘을 실어주셨던 단톡방 〈지혜자〉의 동지들, 그리고 원근 각지에서 기쁜 마음으로 추천서를 보내 주신 분들께 진심으로 감사드린다.

2026년 1월 15일
저자 Harry Kim

저자는 전복적이고 역발상적 통찰로 독자를 놀래키기도 하고, 진부한 잠언을 놀라울 정도로 심오하게 음미하고 신선하게 해석해낸다. 저자는 지혜를 '성공의 수단'으로 전락시킨 시대를 향하여 "주께 굴복하는 것이 진정한 성공"이라 외친다.

《지혜로 살아내는 믿음》은 고운 정제염이 아니라 거친 천일염 같은 지혜를 전달한다. 뻘 묻은 소금처럼 삶의 현장을 통과한 영성이다. 세상 속으로 들어가 흙먼지를 뒤집어쓰고도 거룩을 잃지 않는 신앙, 거룩을 현실 밖으로 도피시키지 않고 일터 한복판으로 끌어오는 풀뿌리 영성이다.

이 책은 단순한 묵상집이 아니라, 신앙과 삶을 통합하려는 지난한 몸부림이다. 책장을 넘길 때마다 잊힘을 준비하는 겸손, 상처로 치유하는 용기, 공부와 기도의 균형, 영혼을 살리는 질문 등, 다양한 통찰을 만날 수 있다. 지식의 바다에서 만선을 꿈꾸는 세대에게 영혼을 살리는 지혜를 붙잡으라고 도전한다.

고구경 목사, 뉴저지 성은교회 담임

흔들리는 세상 속에서 영원한 진리와 삶의 지혜가 결합된 통찰을 바탕으로 올바른 선택을 할 수 있도록 방향을 알려주는 영적인 나침반만큼 필요한 것이 있을까.

저자는 방대한 양의 독서와 수많은 사람과의 교류 속에서 길어 올린 삶의 통찰을 성경적 관점과 결합하여 제시한다. 이 책은 자기주도적인 삶, 건강한 인간관계, 성실한 재정관리 등 우리가 일상에서 부딪히는 구체적인 문제들에 대해 간결하지만 강력한 지혜의 문장들로 답을 찾아간다.

2세기 순교자 유스티누스는 "어떻게 살 것인가를 배우기 위해 사람들이 예수께 나아왔다"고 전한다. 믿음은 삶이라는 몸을 입어야 한다. 이 책은 믿음을 막연한 교리가 아닌 현실을 살아내는 힘, 곧 실천적인 변화의 동력으로 삼으려는 모든 이들에게 필수적인 안내서가 될 것이다.

허현 목사, Reconcili Asian 대표

저자의 전작인 《고개를 들면 지혜가 보인다》에는 인문학적 지혜가 만개하고 있다면, 이번의 《지혜로 살아내는 믿음》은 곱씹을수록 지혜로 살아내는 믿음의 신세계가 풍요롭다.

박성천 선교사, 라오스 쌍텅글로리 스쿨 교장

《지혜로 살아내는 믿음》에는 평범함을 거부하고 살아온 인생길, 묵묵히 자신의 길만을 걸어온 인생이 지혜와 믿음의 언어에 담겨 있다. 이 책은 머리맡에 두고 천천히 묵상하며 자녀와 가까운 지인

들과 나누고픈 지혜의 보고이다.

김태준 목사, 거성교회 담임

이 책은 고민의 주름을 곧게 펴주는 힘이 있다. 간결하면서도 응축된 문장들은 생각의 잔가지를 치워주어, 우리가 본질에 집중하도록 이끈다.

최종렬 목사, 로마한인교회 담임

저자는 이 책을 통해 '현실과 믿음을 연결하는 실천적 지혜'라는 매우 드물고 귀한 영적 방향을 제시한다.

이병영 목사, 장유 열방교회 담임

틀을 깨는 역동적 지혜, 삶을 변화시키는 실제적 믿음. 저자가 제 삶에서 그러했듯, 이 책은 삶과 믿음의 간극에서 고민하는 이들에게 소중한 안내자가 되어줄 것이다.

최원진 대표, BestTurn 창립자

하루가 다르게 변화해가는 세상을 살아가는 바쁜 크리스천들에게 이 책은 일상 속에서 언제든 펼쳐보고 붙잡고 살아갈 든든한 지혜가 되어줄 것이다.

조현민 대표, Ifelse 창립자

저자는 이 책에서 믿음을 살아내는 일상적인 지혜들을 성경적 용
어와 크리스천 문법으로 제시한다. 이 책은 모든 크리스천들이 일
상을 보다 지혜로 헤쳐나가는 데 소중한 안내서가 될 것이다.

장재중 회장, 필리핀 유니그룹

얼마 전 저자가 내게 말했다. "초면인 상대방이 당신을 만나자마자
당신이 크리스천인 것을 알아차릴 정도라면 당신은 육에 속한 크
리스천일 가능성이 높다."

나는 이 황당한 말을 '한 크리스천의 믿는 모습은 한순간에 알아볼
수 있지만 그 믿음이 지혜로 행해지는 것을 알기까지엔 꽤 오랜 시
간이 필요하다'는 의미로 이해했다. 믿음을 지혜로 살아내는 올곧
음이 거침없는 이 책은, 대단히 인상적이다.

강다윗 장로, 한바이오 대표

---

contents

chapter 2
지혜와 분별

지금의 방식에서 탈출하라 | 조언을 받아들여 이익을 얻어라 | 지혜와 분별이 필요하다 | 이 축복을 누려라 | 문제를 데리고 놀아라 | 뱀은 순결한 비둘기만 잡아먹는다 | 지혜자를 만나면 솔직하라 | 환란과 어려움을 지혜로 해결하라 | 독을 구별하라 | 악과 얼마나 가까이 있는가? | 슬픔이 지혜를 방해하지 못하게 하라 | 선을 행하기 전에 | 지혜자와 어울려라 | 선한 행실은 경건의 열매다 | 늘 경청하여 지혜로 해결하라 | 지혜와 동행하라 | 먼저 지혜와 선함을 확인해라 | 생각이 틀릴 수 있기에 | 접시에 담긴 아이스크림 | 넘어지는 것을 두려워 마라 | 방주의 법칙 | 힘듦에 면역되라 | 해결사와 지혜자 | 지혜로 세상을 반격해라 | 일과 놀이를 나누지 않는다 | 고통이 빵임을…

chapter 3
일상

미소만으로 형통하다 | 일상에서 성경을 살아내라 | 말싸움하면 다 잃는다 | 모두 사랑하고, 모든 것에 감사하라 | 분노와 대화하라 | 사소한 일로 십자가 지지 마라 | 주와 함께 여행하라 | 겉거룩과 헛경건을 거부하라 | 쉴 줄 아는 특권을 누려라 | 겉모습만으로 남을 판단하지 마라 | 시간을 가치 있게 사용하라 | 잘 먹고, 자고, 걷고, 웃어라 | 심플 & 슬로우 라이프를 즐겨라 | 용서 자체를 무시해 버려라 | 빈틈없는 논리를 이기는 것은 | 더 감사하고 더 기뻐하라 | 우정은 통제력을 상실하는 것이다 | 부정적인 이들을 피하라 | 이야기로 가득한 인생을 살아라 | 한계를 감사하라 | '하나님을 표현하는 삶'을 살아야 한다 | 하기 싫은 일을 기꺼이 하라 | 말 때문에 멍청해지지 마라 | 영혼을 살리는 질문을 찾아라 | 행복은 빈도다 | 어쩌면 그대는 | 다른 이들의 답을 베끼지 마라 | 유명인이 되는 순간 괴물로 변한다 | 살아있으면 포기하지 마라 | 젊음은 하나님의 선물이다 | 하나님이 축복하시는 방법 | 사탄적 영웅의 근처에도 가지 마라 | 행복은 미소 짓게 한다 | 그대가 지혜로운 사람이라면 | 누가 그대의 주인인가 | 서로 복종하며 자유와 진리를 누려라 | 멘토가 있는 자는 복되다

chapter 4
영성

미소와 침묵 | 성경이 그대를 '읽게' 하라 | 그대는 하나님의 대리인이다 | 애통으로 발돋음하라 | 머리 둘 곳에 집착하지 마라 | 먼저 자신을 성찰하라 | 영성의 사람이 되어라 | 고독과 지혜 | 성자와 순교자 | 지뢰밭 지나듯 피해 가라 | 받아들이는 평온과 바꾸는 용기 | 경청으로 경건을 훈련하라 | 야성을 죽이는 시스템을 거부하라 | 타인의 평가가 주는 부담감을 줄여라 | 쉼과 안식에 아낌없이 투자하라 | 쉼은 최고의 투자이다 | 고독이 깊어질수록 더 행복하다 | 침묵과 고독에 머물러라 | 잊히는 자리에 머물러라 | 아무도 그대를 보지 않을 때 | 묵상은 약이다 | 인격 안에서 | 그대는 어느 길을 가는가 | 능력보다 성숙을 택하라 | 강함을 구했더니 약함을 주시고 1 | 과거를 승화시켜 미래의 날개를 달아라 | 그대는 실패 중이다 | 지금 그대가 | 지금 그대에게는 무엇이

chapter 5
사명

착한 종이 되어라 | 교회와 이웃을 평안케 하라 | 순종의 길을 가라 | 좋은 소식 전달자가 돼라 | 목적 실현에 헌신하라 | '소금과 빛인가'로 평가하라 | 미래의 바다에 몸을 던져라 | 그대는 사명적 존재다 | 영적 안내자가 돼라 | 그대는 온도조절기다 | 이웃을 그대 몸처럼 사랑하라 | 주는 자의 복을 누려라 | 사랑을 익히기까지 일평생을 | 절제하라 | 짐을 멜 어깨를 주셨음을 감사하라 | 믿음과 소망과 사랑을 살아내라 | 세상의 '소금과 빛'이어야 한다 | 예수님의 뒤를 이어서 가라 | 고독한 길 | 하나님의 돌보심을 대행하라 | 돌봄을 주고받아라 | 사라지는 리더 | 고립이 아니라 구별 | 사랑을 선택하라 | 마음과 감정을 알기 위해 | 착하고 충성스러운 종 | 그대의 상처로 약한 자를 치유하라 | 세상의 버팀목으로 살아라 | 절박한 이들을 환대하라 | 따뜻한 경청자가 되어라 | 성도는 머슴이다 | 그대가 | 주님의 자리에 앉지 마라 | 사명을 살아내라 | 세상을 품어라 | 사랑으로 사탄을 이겨라 | 온 천하를 순례하며 | 스미고, 품으며, 사랑하라 | 그대가 비기독교적 환경에 있다면 | 환자 or 신자 | 힘이 악용될 때 | 냉철한 두뇌와 따뜻한 마음 | 감격하고 감사하라 | 이웃을 사랑하라

chapter 6

기도

척하라 | 이타적인 삶을 자처하라 | 부는 사람을 섬긴 결과이다 |
목적과 이익과 평안 | 재정적 안정을 누려야 한다 | 고급 승용차보
다는 밥차를 | 돈을 선교로 | 그대의 필요를 채우게 하실 것이다 |
행복은 사랑하고 절약한 열매이다

chapter 9
일과 일터

일터를 믿음으로 헤쳐 나아가라 | 지혜의 왕을 초대하라 | 창조적
으로 사고하라 | 탁월함은 하나님께 드리는 예물이다 | 바쁨은 죽
음이다 | 그대는 결과로 말하라 | 문제를 기회로 삼아라 | 신앙을
고백하게 하는 전문가 | 선한 사업가의 매뉴얼 | 성령 충만한 지혜
자 | 세상의 소금과 빛으로 거룩하라 | 최악의 실패 | 모든 변화에
가장 지혜롭게 대처하라 | 자존심 or 자부심

chapter 1

믿음

주께 굴복하라

성공에 미쳐
야망이 극에 이른 세상이다.

그대는
이런 세상을 따르지 말고
주께 굴복하라.[1]

성공은
주께 굴복하는 것이다.

—

"그리스도와 함께 하는 성공은 퍼포먼스가 아니다. 성공은 그분에게 굴복하는 것이다. 성공하기 위하여 우리의 동기와 야망을 포기하고, 그리스도에게 우선순위를 두는 것이다." (패트릭 몰리)

세월의 정에 그대를 맡겨라

강물이
강바닥 돌들을 스치며
흐르듯,

믿음의 세월은
그대 인생을
다듬으며 흐른다.

그대는
이 세월의 정[2]에
그대를 맡겨라.[3]

태도가 정답이다

인생의 큰 어려움에 봉착했을 때
다들 그 해결책을 찾는 것에
급급하지만

그대는
'해결책을 찾는 태도'가 정답인 것을
알아야 한다.

그 태도는
순종이다.[4]

먼저 하나님의 사인을 확인하라

홈런을 치고도
감독에게 혼나는 선수가 있다.
감독의 사인을
무시했기 때문이다.

홈런보다는
감독의 작전이 더 중요하다.

그대는,
어떤 경우에도
먼저 하나님의 사인을[5]
확인하라.

하나님의 계획에 역행하지 마라

주 안에서
누리는 삶이라며
자기 뜻대로
살아가는 이들이 있으나

예수께서는
그렇게 살지 않으셨다.[6]

그대는
그대의 자아로
하나님의 계획에
역행하지 마라.

하나님만 섬겨라

그대는
생각을 주시고
운명을 인도하시는

하나님만
섬겨라.[7]

—

"생각을 조심하라, 생각이 말이 된다.
말을 조심하라, 말이 행동이 된다.
행동을 조심하라, 행동이 습관이 된다.
습관을 조심하라, 습관이 성격이 된다.
성격을 조심하라, 성격이 운명이 된다."

(캘커타의 마더 테레사)

믿음은 정조준이다

모든 것이 흔들리는 세상에서

그대는
안 흔들리려
발버둥치지 말고

흔들리면서도
정조준(분별)하는 능력을[8]
길러라.

믿음은
어떠한 상황에서도
정조준하는 것이다.

더 담대하라

근시안적 사람이
돌발 상황에
더 놀라고 더 다치듯,

이 땅만을 바라보는 사람이
천국을 소망하는 이들에 비해
더 놀라고 더 상처받아
두려워한다.

그대는
"사망의 음침한 골짜기를 지날지라도"[9]
하나님만을 바라보며
더 담대하라.

불가능에 도전하라

우리가 이 땅에 사는 이유는
불가능을 꿈꾸기 위해서가 아니라
불가능을 살아내기 위해서다.[10]

하나님께서는
이미 그대에게
이 능력을 주셨으니

불가능에
도전하라.

사랑을 체화하라

"내가 찾은 모순은
아플 정도로 사랑[11]을 하면
아픔은 사라지고 사랑이 깊어진다는 것이다."[12]

그대가
사랑의 화신이[13] 되지 않고서[14]
어떻게 주를 따른다 할 수 있겠는가?

그대는
사랑을 체화[15]하라.

―

"사랑. 시간이 지나고 경험이 쌓일 때 우리는 하나님을 향한 섬세하고도 깊은 사랑을 느낀다. 그 사랑은 업적이라기보다는 선물처럼 느껴진다.[16] 이 사랑은 조금씩 조금씩 다가오며, 높아졌다 낮아지고, 뜨겁다가도 차가워진다. 시간이 지나면서 우리의 사랑은 좀 더 깊고, 좀 더 강하고, 좀 더 안정되게 자란다." (리차드 포스터)

결함을 즐겨라

믿음은
결함을 감추는 게 아니라
즐기는 것이다.

결함이 전혀 없는 듯한
완벽주의자들이 있으나
이들에게는 너무나 완벽한 결함이 있어
가장 불행하다.

그대는
결함을 즐겨라.

———

피조물인 우리는 완벽하지 않다. 완벽하지 않음은 결함이
있음이다. 완벽하지 않은 우리가 이 결함을 즐기는 것은
당연한 권리다.

평안을 누려라

그대 안에

마귀가 들어있으면
사심(邪心)이고,

그대가 들어있으면
탐심이다.

그대는
믿음으로

평안을
누려라.[17]

인간의 체험을 하는 영적 존재

그대가
참 신앙인이라면

그대는
"영적 체험을 하는 인간이 아니라
인간의 체험을 하는 영적 존재"임을
명심하라.

———

"예수께서는 인간의 몸으로 이 땅에 오셔서 우리를 구원하
셨다."(요 1:14) 구원받은 "우리는 영적 체험을 하는 인간이
아니라 인간의 체험을 하는 영적 존재이다."(테야르 드 샤르댕)

순종으로 대의를 이루라

무지는
고집으로 굳어지고

지식은
의심(질문)으로 확장되고

지성은
이해로 깊어지며

지혜는
순종으로 대의를 이룬다.[18]

자기 성찰 위에 집을 지어라

자기를 돌아보지 못하는 자는
모래 위에
집을 짓지만

그대는
성찰의 반석 위에
집을 지어라.[19]

———

성찰하는 자의 내일은 오늘보다 낫다. "내일의 당신이 오늘의 당신보다 더 나은 사람이 되지 못한다면, 당신에게 내일이 있을 필요가 어디 있겠는가?"(조셉 텔루슈킨)

좌절하지 마라

인생의 모든 문은 닫혔다고
좌절하는 이들이 많으나

하나님은
그대를 위해
누구도 닫을 수 없는 문을
열어 두셨으니

그대는
좌절하지 마라.

———

"한쪽 문이 닫히면, 다른 쪽 문이 열린다. 그런데도 우리는
안타까운 마음으로 닫힌 문만 계속 바라보고 있어서 우리
앞에 새롭게 열린 문을 보지 못한다." (알렉산더 그레이엄 벨)

믿음이 약이다

모든 피조물은
병이 들면
약이 필요하지만

영적인 존재인
그대가 병이 들면
가장 필요한 것은
믿음이다.[20]

그대는
믿음으로 살고[21]
믿음으로 이기도록
지어졌다.

두려워 말라

하나님 외에는
아무것도 두려워하지 않는 것이
믿음이다.

빛이 어두움을 이기듯
믿음이 두려움을 이긴다.

"쫄지 마라.
내가 세상을 이겼다."[22]

———

두뇌 외에는 특별한 펀치력이 없었던 인류는 자신들을 먹잇감으로 노리는 맹수들과 스스로 헤쳐나가야 할 미래를 두려워하지 않을 수 없었다. 이런 인류에게 하나님이 개입하셔서 믿음을 주셨고 인류는 '과연 믿음이 두려움을 이겨낼 수 있을까?'에 초집중했다.

구약에서 믿음은 'Fear only God'으로, 믿음은 하나님 외에는 그 무엇도 두려워하지 않는 것이다. 신약에서 믿음은 'Fear not'으로, 주 안에서는 그 어떤 것도 두려워하지 않은 것이 믿음이다.

날마다 죽음으로…

지성 없는 지식은
거만하고

지혜 없는 지성은
날카롭고

믿음 없는 지혜는
교활하며

자아가 살아있는 믿음은
교만하다.

그대는
날마다 죽음으로[23]
믿음의 길을 가라.

비판이나 모욕을 당했을 때

비판이나 모욕을 당해
분노하기 쉬우나

그대는
비판이나 모욕을 당했을 때,

'당신이 생각하는 것보다
나는 더 비참한 사람이랍니다'라고
생각하라.

———

"가난한 마음으로 하나님의 사랑 안에 거하는 사람은 모욕을 당해도 분노하지 않는다. 그는 비판이나 판단, 모욕을 당했을 때, '당신이 생각하는 것보다 나는 더 비참한 사람이랍니다'라고 생각한다." (피터 스카지로)

행동으로 보여라

그대는, 그대의
믿음을 말이 아니라

행동으로
보여라.

———

"그대의 종교를 내게 말하지 말고 행동으로 내게 보여 주
시라." (톨스토이)

변해야 나아진다

그대의 삶은
우연히(by chance)
나아지지 않는다.

그대가 변해야(by change)
나아진다.

믿음은
그대를 변화시킨다.[24]

미스테이크

청빈[25]과 소박한 가난은
미덕이라 하지만,

잘못 생각하여(mistake)
무엇인가를 잘못(mis) 붙잡아(take) 생긴
가난은 비참하다.

그대는,
늘 바르게 생각하며
바른 것을 붙잡고 살아라.

믿음은 태도다

하나님께서
내가 원하는 것을
주시든 안 주시든

믿음은
하나님께서
원하시는 것을
다 드리는 태도이고[26]

모든 성공의 97%가
이 태도에 달려 있다.[27]

그대는
모든 것을 주께 드리는
태도로 살아라.

먼저 자아를 처리해라

근육이 뇌를 지배하면 죽은 것이듯,
자아가 영혼을 지배하면 파멸이다.[28]

그대의 생각과 감정과 경험이
그대의 영혼을 더 부패시키기 전에

먼저
그대의 자아를
처리해라.[29]

그러면
그대의 영혼은 소생하고
형통의 날개를 펼칠 것이다.

삶을 고쳐라

높은 곳에서 상대를 내려다보며,
가르치고, 지시하고, 통제하는 이들에게는
하나님의 은혜가 없다.

그대에게
이 유혹이 찾아 든다면,

모든 걸 중지하고
그대의 삶을 고쳐라.[30]

그리하여
상대를 높이고, 배우고, 섬기는
은혜를 누려라.

———

"오만한 자는 항상 눈을 내리깔고 상황이나 사람들을 본다. 그렇게 아래로 내려보는 한 결코 자신 위에 무엇이 있는지 알 수 없다." (C.S. 루이스)

감사를 막는 장애를 제거하라

감사를 막는
장애들을 제거하지 않고
믿음의 눈을 뜨기는
하마가 독수리처럼
날기보다 힘들다.

그대는 무엇 때문에
감사하지 못하는가?

여기서 '무엇'은
기도 제목이 아니라
그대가
닥치고 제거해야 할
지뢰다.

지혜와 분별

지금의 방식에서 탈출하라

더 싸게 살 수 있는 방법을 몰라
자기가 산 가격에 만족하듯

더 지혜롭게 살 수 있는 방법을 몰라
지금의 방식에 만족하고 있다면

그대는
도태 중이다.

그대는
성장과 성숙을 위해
지금의 방식에서
탈출하라.[31]

조언을 받아들여 이익을 얻어라

조언을 받아들이는 이들도 많고
안 받아들이는 이들도 많으나

조언을 받아들여
이익(성공, 성장)을 취해야 한다.

———

사람들은 조언을 구하지만, 대부분이 그 조언을 실천하지
않는다. 지혜자만이 조언에 담긴 가치를 알아보고 실천한
다. "지혜로운 자만이 조언으로부터 이익을 얻는다."(하퍼 리)

지혜와 분별이 필요하다

선한 일에
헌신하는 것은
매우 값지다.

그러나
그대가 선할 일을 한다는 이유로
현재의 책임을 무시하고 있다면

그것이 하나님의 뜻인지,
'열매 맺는 삶'을 막으려는
사단의 전략인지를 분별해야 한다.[32]

———

"하나님을 위해 큰일을 소망하는 것은 아주 값진 것이다. 그러나 미래의 사역에 대한 소망 때문에 현재의 책임을 등한시하고 있다면, 기도하면서(그리고 영적인 조언을 받으면서) 그것이 하나님이 주신 것인지 아니면 우리가 열매 맺는 삶을 살지 못하게 하려고 사단이 준 것인지 살펴보아야 한다."

(게리 토마스)

이 축복을 누려라

지혜는 이 땅에서

'인간에게 완벽한 기회가
허용되지 않는 축복'을
누리게 하고,

'하나님이 의도적으로 보류하시는 기쁨'을
향유하게 한다.

그대는 평생에
이 축복을 누려라.

문제를 데리고 놀아라

인생은
문제의 연속이다.

대개들
이 문제에 휩쓸리거나
문제 해결에 집중하나

성경은
문제를 데리고 놀 줄 아는
지혜자가 되라 한다.[33]

그대는
해결자가 되려는 유혹에
빠지지 마라.[34]

뱀은 순결한 비둘기만 잡아먹는다

뱀처럼 지혜롭지 못한 비둘기는
뱀에게 잡아먹히고,

비둘기처럼 순결하지 못한 뱀은
순결한 비둘기만 잡아먹는다.

그대는
뱀처럼 지혜롭고
비둘기처럼 순결하라.[35]

"비둘기처럼 솔직한 삶을 살아라. 하지만 어리석어서는 안 된다. 솔직하면서도 뱀을 능가할 지혜를 익혀라. 그러지 않으면 이 세상에서 살기 어려울 것이다." (시라토리 하루히코)

"뱀처럼 영리하고 비둘기처럼 순수하여라. 세상을 몰라서는 안 된다. 어떤 사람들은 너희의 동기를 비난할 것이고, 어떤 사람들은 너희의 평판을 더럽힐 것이다. 단지 나를 믿는다는 이유만으로 그렇게 할 것이다." (《메세지 성경》, 마 10:16~17)

지혜자를 만나면 솔직하라

지혜자는 평범하여
쉽게 알아보긴 힘들겠지만,

하나님이 놓아두신
봉우리와 골짜기를 많이 지나온
지혜자는

그대의 겉모습을 꿰뚫어보는
안목이 있다.[36]

그대는
지혜자를 만나면
솔직하라.

—

"삶이란 골짜기와 봉우리의 연속이란 것이 그리스도인이
경험하는 현실이다. 하나님께서는 인간의 영혼을 영원히
소유하시기 위한 노력으로 그 인생 앞에 봉우리보다는 골
짜기를 더 많이 놓아두신다. 하나님께서 특별히 총애하는

사람들은 다른 누구보다도 더 깊은 골짜기를 더 오랫동안
지나간다.” (피터 마살)

환란과 어려움을 지혜로 해결하라

많은 이들이 어려움을 당할 때
자신의 소유를 잃을까
두려워하나

그대는
그러한 상황이 결국
자산이 된다는 것을
의심하지 말고

지혜를
구하라

독을 구별하라

공동체 없는 고독이
영성의 독이고

쉼 없는 사역이
천국의 독이듯

유머 없는 기도는
믿음의 독이고

노동 없는 묵상은
성숙의 독이다.

악과 얼마나 가까이 있는가?

대다수가 자신이
선으로부터 얼마나 멀어져 있는지를
전혀 모르지만

지혜자는 자신이
악과 얼마나 가까워질 수 있는지를
너무나 잘 알고 있다.

그대는
악과 얼마나 가까이 있는가?

슬픔이 지혜를 방해하지 못하게 하라

지혜자는
타인의 슬픔엔 깊이 동참하되
자신의 슬픔엔 냉정하여

지성적으로는 교훈을 얻고
영적으로는 감사한다.

그대는
그대의 슬픔이
지혜를 방해하지
못하게 하여라.

———

지혜가 감정을 이기지 못하면 세상을 이길 수 없다.

선을 행하기 전에

악을 행하지 않는 것이
거룩이듯

불필요한 말을 안 하는 것이
지혜다.

그러나 대개가
악을 거부하기보다는
감추는 위선을 택하듯

불필요한 말을 참지 못해
그 말에 의미를 부여하는
어리석음을 택한다.

그대는
어떠한가?

지혜자와 어울려라

그대가

어리석은 자들 다섯 명과 쏘다니면
여섯 번째 어리석은 자가 되고

성공자 다섯 명과 어울리면
여섯 번째 성공자가 되며[37]

지혜자 다섯 명과 어울리면
여섯 번째 지혜자가 될 것이다.

———

"인간이란 어울리는 사람을 닮는다." (빌 하이벨스)

선한 행실은 경건의 열매다

선한 행실은
경건의 열매고,

경건은
영성의 발산이며,

영성은
믿음의 결단이고,

믿음은
예수로 인함이다.

늘 경청하여 지혜로 해결하라

매사를 기도로 해결하려는
이들이 있지만

그대는
늘 주님의 말씀을
경청하여
지혜로 해결하라.

—

경청은 "일체를 버리고 특히 자기 자신을 버리고, 그리스
도를 따르는 것이 그분의 말씀을 듣는 것"(오쿠무라 이치로)으
로, 단순히 듣는 것이 아니라 행동으로 순종하는 것이다.
"경청(순종)은 제사보다 나은"(삼상 14:28) 지혜이다.

지혜와 동행하라

누구나 나이 들어
젊은이들에게 외면당할
가능성이 있지만

젊음을 내세워
지혜를 무시하는 젊은이가
지혜에게 외면당하게 될 것은
분명하다.

이는
가장 비참하다.

그대여
지혜와 동행하라.

먼저 지혜와 선함을 확인해라

어리석은 자가
가장 잘할 수 있는 건
어리석은 짓이고
이들이 최선을 다하면
재난이다.

악한 자가
가장 잘할 수 있는 건
악한 짓이고
이들이 최선을 다하면
종말이다.

최선을 다하기 전에
그대는 먼저,
지혜와 선함의 바탕 위에 있는지
확인하라.

생각이 틀릴 수 있기에

많은 이들이
자기 생각이 맞다는 확신에
길을 잃어버리지만

지혜자는
자기 생각이 틀릴 수 있음을
너무 잘 알기에

가야 할 길을
잃지 않는다.

접시에 담긴 아이스크림

인생은 행하고, 배우고, 즐기는 것이다.
많은 이들이 만족한 상황을 즐기나
지혜자는 불편한 상황도 즐긴다.

"접시에 담긴 아이스크림을
맛있게 즐길 줄"[38] 안다면

그대는 지혜자다.

———

삶이란 Doing, Learning, Enjoying으로 이루어지고(Life 101), 그 완성은 Enjoying이다. Enjoying의 최고는 하나님을 즐거워하는 것이고, 그 다음은 행복을 누리는 것이다. 행복은 원하는 것을 다 가지는 데 있지 않고, 가지고 있는 것을 즐기는 데 있다. 이 소박하고 밋밋한 행복을 누릴 줄 아는 것이 최고의 지혜다.

넘어지는 것을 두려워 마라

넘어지는 것이 두려워
험한 길 가기를 포기하면
어리석고

두려워하지 않고
목적지에 도달하면 지혜다.

지혜는
몇 번을 넘어져도
목적지에 이르는
용기다.

———

"성공이란 열정을 잃지 않고 실패를 계속하는 것이다." (윈
스턴 처칠)

방주의 법칙

해결책이 없으면
좌절하지 말고,

그 상태에
머물러라.

이 법칙은
귀한 지혜다.[39]

힘듦에 면역되라

"힘들 때
울면 하수고
참으면 보통이고
웃으면 고수다."[40]

그리고
힘듦에 면역되어 있으면
지혜자다.

―

성경은 육신의 고통뿐 아니라 심리적·관계적·영적 고통을 참아 견디는 인내를 강조한다. 이는 거의 모든 성도가 고통에 면역되어 있지 않았기 때문이었을 것이다.

예수는 총체적으로 고통에 면역된 분이었다. 그리하여 그분은 비난당함, 무시당함, 배척당함, 이용당함, 잊혀짐에 고뇌와 고통 없이 당당하셨다.

예수 당시의 고대 랍비 세계에서 일부 탁월한 랍비들은 인내의 삶보다는 면역된 삶을 살았다. 그 대표적인 인물이 힐렐(Hillel)이다. 당대 힐렐과 더불어 위대한 천재 랍비였던

예수 역시, 적어도 복음서에 기록된 그의 삶을 보면, 총체
적인 고통과 어려움에 면역되어 있는 분이었다.

해결사와 지혜자

해결사는
조언이나 해결책을
제시하지만

지혜자는
"우리의 고통을 나누고,
상처를 쓰다듬어 주며,
절망과 혼란의 순간에 함께 침묵해 주고,
슬픔과 사별의 시간에도 함께 있어 주며,
알지 못하고 치유되지 않는 무력한 현실에
함께 맞서며 걱정해 주는 친구다."[41]

그대는
어떤 친구인가?

지혜로 세상을 반격해라

책은
지성의 양식이고

성경은
믿음의 양식이다.

그러나
책과 성경만 읽으며
세상을 외면한다면
이건 현실과 현장 도피이며,
악이다.

그대는,
책과 성경에서 얻는 지각(perception)으로
세상을 반격하라.

일과 놀이를 나누지 않는다

지혜자는

"자신의 일과 놀이를 크게 구별하지 않는다. 그에게 노동과 휴식, 정신과 육체, 정보와 재창조, 사람과 종교는 큰 차이가 없다. 사실 어떤 활동이 전자인지 후자인지조차 구분하지 않는다."[42]

그대는
이렇게 통합된 삶[43]을
살아라.

고통이 빵임을…

"진정으로 삶이 힘들다는 것을 알게 되면, 즉 진정으로 그 사실을 이해하고 받아들이게 되면, 삶은 더 이상 힘들지 않게 된다. 그러나 대부분의 사람은 이 진리를 제대로 깨닫지 못한다. 대신에 드러내놓고 또는 은근히 자신의 어려움, 걱정, 문제가 엄청나다고 끊임없이 불평한다. 그들은 마치 삶은 본래 편안한 것처럼, 다시 말해 삶은 응당 편안해야 한다고 여기는 것 같다."[44]

그대는,

지혜자들이
삶이 고통(pain)[45]임을 너무 잘 알고
그 고통이라는 빵(pain)[46]을
기뻐하듯,

그러해야 한다.

chapter 3

일 상

미소만으로 형통하다

하나님은
기도하는 자에게
유머를 주시고[47]

지혜로운 자에게
미소를 주신다.

지혜자는
미소만으로
형통하다.

———

"유머는 사람들의 부정적인 생각을 긍정적으로 바꿔준다."
(버디 해킷)

"사람들은 단순한 미소가 얼마나 많은 행운을 일으키는지
알지 못한다. 미소는 사랑과 평화의 시작이다." (캘커타의 마더
테레사)

일상에서 성경을 살아내라

지금 우리에겐

글 잘 쓰는 기자가 아니라
진실을 쓰는 기자가 필요하고

설교 잘하는 목사가 아니라
설교를 사는 목사가 필요하듯,

지금 하나님께는

성경 연구(공부) 잘하는 이보다
성경을 살아내는 이들이
더 필요하시다.

———

"타락한 본성 깊숙한 곳에서 나오는 충동 외에는 어떠한
법도 인정하지 않으려는 인간은, 하나님의 법이 인간에게
자동차 운전자 매뉴얼과 같다는 사실을 기억해야 한다. 매
뉴얼과 다르게 차를 다룬다면 문제가 생길 수밖에 없다.

마찬가지로 하나님의 법에 순종하며 살면서, 그 가운데 자유, 보람, 만족, 그리고 기쁨을 누리도록 창조된 인간이, 그법을 어기고 다르게 사용하거나 오용할 경우 엄청난 문제를 일으키리라는 것은 쉽게 예상할 수 있다." (제임스 패커)

말싸움하면 다 잃는다

말싸움에서 이기고
친구 잃고, 돈 잃는 이들이 있다.

이 둘을 다 잃는 것은
인생 전부를 잃는 것이다.

과격한 말로
상대를 열받게[48] 하지 마라.

모두 사랑하고, 모든 것에 감사하라

모두 다 사랑하는 이는
'누구를 꼭 집어' 사랑한다고
말하지 않듯이,

범사에 감사하는 이도[49]
'무엇을 꼭 집어' 감사하다고
말하지 않는다.

그대는
모두 사랑하고,
모든 것에 감사하라.

———

무엇이든 자주 누리게 되면 그 감사함을 잊게 된다. 하나
님의 은혜도 그러하다. 그대는 "범사에, 그리고 무시로 감
사하라".(살전 5:18)

감사는 축복의 문을 연다. 아무리 후회해도 과거를 바꿀
수 없고, 불안도 미래를 바꿀 순 없지만 범사에 감사는 현
재를 바꾼다.

분노와 대화하라

같은 상황에 부닥쳐

분노하는 이는
분노의 노예이고

분노를 참는 자는
분노와 투쟁 중이고,

분노와 대화하는 이는
분노를 다스려[50]
자신을 정련 중이다.

그대는
분노와 대화하라.

———

잘못은 다른 사람이 했는데 벌은 자기가 받는 것이 분노
이다.

———

"그대의 분노에는 충분한 이유가 있을 수 있다. 어쩌면 그대가 잘못된 결정을 했을 수도 있고, 마음을 바꾸어야 할 필요가 있을지도 모른다. 분노는 흔히 그대가 그대 자신을 어떻게 느끼고 생각하는가를, 그리고 그대가 자신의 생각과 직관을 얼마나 중시해왔는지를 보여주는 것이다." (《제네시의 일기》, 45.)

사소한 일로 십자가 지지 마라

사람들이
사소한 일에
목숨을 걸지 않듯

그대는
사소한 일로
십자가를 지지 마라.

주와 함께 여행하라

주를 따르는 삶은

관광이
아니라
여행이다.

그대는
주와 함께
여행하라.

———

"관광(sightseeing)은 풍경을 구경하는 것이라면, 여행 (journey)은 현지의 사람들과 교류하며 현지인들의 문화, 풍습, 삶의 자리에 함께하는 것이다." (Harry Kim, 《페리파토스》)

겉거룩과 헛경건을 거부하라

양의 탈을 쓴 늑대는
양처럼 행동해야 하지만,
양은 제 맘대로 행동한다.

그대는
하나님의 자녀인 것처럼 보이려는
겉거룩과 헛경건을[51] 거부하고,

하나님의 자녀됨을
마음껏 누리며 살아라.

이것이
참 거룩이며
참 경건이다.

—

양의 탈을 쓴 늑대는 양처럼 처신해야 하지만, 양은 제 맘
대로 행동한다. 그대는 매사에 '척'을 피하고, 진리가 주는
'자유'를 누려라. (요 8:33)

쉴 줄 아는 특권을 누려라

자기가 하는 일이 너무 중요해서
쉬지 못하는 이들은

자기가 지금 얼마나 열심히
마귀를 돕고 있는지를 알지 못한다.

그대는
쉬지 못하는 삶으로
평안을 기대하지 마라.

평안은
쉴 줄 아는 자의 특권이다.

———

"변명 중에서 가장 못나고 어리석은 변명은 '시간이 없어서'라는 변명이다." (에디슨)

"지혜자는 바쁘지 않으며 바쁘면 지혜로울 수 없다." (임어당)

겉모습만으로 남을 판단하지 마라

지혜자는
겉모습만으로
우리를 판단하지 않고

우리의 영혼을 꿰뚫어 보는
눈을 가지고 있다.[52]

그대는
지혜자에게 배우며

어떠한 경우에도
겉모습만으로
남을 판단하지 마라.[53]

시간을 가치 있게 사용하라

그대의 시계가 망가진 게
무슨 문제냐

시간의 가치를 모르는
그대가 문제지.

시간은 하나님이 주신
신성한 기회이다.

그대는
늘 깨어있으며[54]
시간을 가치 있게 사용하라.

잘 먹고, 자고, 걷고, 웃어라

인생의 대부분의 어려움은

더하기, 빼기, 나누기, 곱하기 정도의
기초적인 산수를 몰라서 생기는 거지

미분, 적분, 도함수와 같이
어려운 수학을 몰라서 생기는 게 아니다.

그대는
인생의 어두운 골짜기를
다닐 때라도[55]

잘 먹고, 잘 자고. 잘 걷고, 잘 웃어라.

이만큼
완벽한 해결책은
없다.

심플 & 슬로우 라이프를 즐겨라

심플 & 슬로우 라이프가 우리에게 주는 최고의 선물은, 인생은 더 소유에 집착하는 것이 아니라 성숙한 관계를 형성하고, 믿음 안에서 성장하며, 세상과 다른 삶을 누리는 데 있음을 깨닫게 하는 데 있다.

그대는
심플 & 슬로우 라이프를
즐겨라.

—

simple & slow life를 누리자. 심플 라이프는 자기 정리가 된 이들이 누릴 수 있는 특권이다. 이보다 의미 있는 삶은 심플 & 슬로우 라이프이다. 심플 라이프는 자기 정리를 전제하고야 가능한 고품격의 삶이라면, 슬로우 라이프는 자기 영혼의 최종 목적지를 분명히 알고 있는 이들만이 누릴 수 있는 축복이다.
자기 정리(정체성 확신)와 자기 영혼의 영원한 안식처(신앙함)에 관심 없는 이들에게 심플 & 슬로우 라이프를 살라는 것은, 지혜를 모독하는 것이다.

용서 자체를 무시해 버려라

용서는
상대방이 뉘우쳐야
가능하다.

상대가
전혀 그럴 마음이
없는 경우라면

그대는
'용서하겠다'는
그 생각 자체를
무시해 버려라.

빈틈없는 논리를 이기는 것은

믿음의 세계에서
모든 의심이
팩트 체크가 아니라
은혜로 무너지듯

빈틈없는 논리를
이기는 것은

더 빈틈없는 논리가 아니라
유순한 말이다.[56]

"화살은 심장을 관통하고 매정한 말은 영혼을 관통한다."
(스페인 잠언)

더 감사하고 더 기뻐하라

주께서는
우리가 약할 때
강함을 주시지만

우리가 약할 때
'더 약함'도 주신다.

강함은 중독에 빠지게 하고
약함은 성숙하게 한다.

주께서
더 약함을 주실 때,

그대는
더 감사하고
더 기뻐하라.

——

하나님은 우리를 '더 약하게 하심'으로 우리를 더 정교하고, 더 부드럽게 다듬어 우리를 더욱 성숙게 하신다.

"감사함을 느끼는 사람은 기쁨, 열의, 사랑, 행복, 낙천주의 같은 긍정적 감정을 한 차원 높게 경험하며, 동시에 감사를 실천하는 사람은 질투, 반감, 탐욕, 비통함 등 파괴적인 충동으로부터 보호받는다." (로버트 이먼스)

"그리스도의 능력은 연약함 안에서 온전해진다. … 우리가 자신의 한계와 연약함을 인정할 때 주님과 다른 사람으로부터 스스럼없이 도움을 받을 수 있다." (플로이드 맥클랑)

우정은 통제력을 상실하는 것이다

그대에게
우정은

통제하는 관계가 아니라
함께하는 모험이며,

정복이라기보다는
항복이고,

계산된 계획이라기보다는
통제력을 상실하는 것이다.[57]

———

"우정은 우리 본성의 기본이며 인간됨의 핵심에 있는 근본적인 욕구이다. 우정에 대한 욕구는 의식주에 대한 욕구만큼이나 피할 수 없다. 인생은 혼자 감당하기 힘든 경우가 많기 때문이다. 아무리 축복을 받았다고 해도 결국 우리는 역경과 고난의 시간을 마주하게 된다. 우리 중 누구도 인생의 위험을 혼자 헤쳐나갈 수 없으며, 그렇게 하려고 해

서도 안 된다.” (Aelred of Rievaulx)

“이혼하는 부부의 대다수는 애정보다는 우정이 없어 갈라선다.”(Paul J. Wadell). “우정 없는 애정으로는 결혼 관계를 유지하기 대단히 힘들기 때문이다.”(《Becoming Friend》). 우정은 서로에게 항복하는 자유를 누리는 것이다. 이 자유에서 나오는 힘은 결혼의 그 어떠한 어려움도 이겨내게 한다.

부정적인 이들을 피하라

많은 이들이
자기가 좋아하는 이들과 가까이하고
싫어하는 이들과는 멀리하지만

그대는
긍정적인 이들과 가까이하고
부정적인 이들은 멀리하라.

부정적인 이들에게
시간을 낭비하는(waste) 것은

그대의 인생을
쓰레기(waste)화하는 것이다.

———

부정적인 이란 과거에 머물러 있거나 과거의 시각으로 현재와 미래를 단정하는 것은 물론, 비난하고, 질투하고, 변명하고, 두려워하는 것이 습관화된 이들을 말한다. 이들은 이기적이다.

이야기로 가득한 인생을 살아라

어떤 이의 인생은
자기 이야기로 가득하나

그대는 주와 함께한
이야기(The History)를 만드는
인생을 살아라.

—

우리는 The History에 동참하기 위해 태어났다.

한계를 감사하라

누구에게나
자신의 능력만으로
모든 문제를
다 해결할 수도 없고,

원하는 것을 다 가질 수 없는
한계가 있다.

한계는
자녀를 보호하시는
하나님의 방법이다.[58]

그대는
이 한계를 감사하라.

———

자신의 방법으로는 이제는 어쩔 수 없는 한계에 직면하여
하나님의 방법(*meta hodos*)을 발견하는 것은 최고의 축복이
자 최고의 은혜다.

'하나님을 표현하는 삶'을 살아야 한다

"우리는 하나님의 형상(image of God)으로 지음을 받았다. 우리의 노력과는 아무 관계없는, 전적인 하나님의 은혜로 말이다. 이 은혜에 보답하기 위해, 우리는 적극적으로 '하나님을 표현하는(to image God) 삶'을 살아야 한다."[59]

그대는
하나님을 표현하라고
지음을 받은
사명적 존재이다.

하기 싫은 일을 기꺼이 하라

하기 싫은 일을
기쁨으로 하지 않고서는
성숙도 성공도 불가능하다.

그대는
하기 싫은 일을
하고 싶은 일처럼
기꺼이 하라.

말 때문에 멍청해지지 마라

굳이 안 해도 될 말을 해서
상대에게 상처를 준다면
그대는 멍청한 거다.

말을 절제하지 못하는 멍청함이
지혜에 이르기까지는
30년도 모자랄 것이다.

그대는
말 때문에
멍청해지지 마라.

영혼을 살리는 질문을 찾아라

늘 답(해결책)을 찾으며
살아오던 우리는

어느새 질문을 찾아야만 하는
시대에 이르렀다.

답으로만 가득 차 있는 우리는
어리석은 자가 되고야 만 것이다.

그대는
그대의 영혼을 살리는 질문을
찾아 나서라.[60]

———

"인생은 질문으로 가득 차 있고, 어리석은 자는 답으로 가
득 차 있다." (소크라테스)

행복은 빈도다

행복은
강도(intensity)가 아니라
빈도(frequency)다.

그대는 이웃과
이 빈도를 주고받는
축복을 누려라.

___

행복은 핵미사일과 같은 가공할 한방이 아니라, 돌팔매질
과 같은 일상의 평범한 궤적 그 자체이다.

어쩌면 그대는

어쩌면 그대는
상대편에 서 있는 줄도 모르고
그들의 승리에 환호하며
깃발을 흔들고 있는지도 모른다.

어쩌면 그대가 먼저
사랑해야 할 사람인 줄도 모르고
사랑을 받으려고
그토록 애타고 있는지도 모른다.

어쩌면 그대는
결국 죽을 인생인 줄도 모르고
살려고 그 발악을 하고 있는지도
모른다.[61]

다른 이들의 답을 베끼지 마라

인생은 세상에서
가장 어려운 시험(exam)이다.

무수히 많은 이들이
이 시험에서 떨어지는데
이는 사람마다
각기 다른 시험을 치른다는 사실을 모르고

다른 이들의 정답을
베끼기 때문이다.[62]

유명인이 되는 순간 괴물로 변한다

유명인사가 되는 순간
바로 괴물로 변하고,[63]
괴물이 고물이 되는 건
시간문제다.

최신형 전투기로 살아야 할 이들이
이런 식으로
고물이 되고 있다.

그대는
유명인이 되려는
유혹을 이겨내고
영웅이 돼라.

"순교의 유혹을 이겨낸 이가 성자이듯"(T. S. 엘리어트), "유혹
을 이겨내는 이가 영웅이다."(유대 잠언)

살아있으면 포기하지 마라

인생에서
최고의 무기는
자신감이고

"가장 가치 있는 기술은
포기하지 않는 것이다."[64]

그대는
어떤 상황에서도
자신감을 잃지 말고

살아있으면
포기하지 마라.

젊음은 하나님의 선물이다

젊음은
늙음으로 가는 관문이다.

젊음이 자기 것인 줄 알고 까불면
늙음이 그대를 추하게 할 것이고,

젊음을
하나님의 선물로 알고
귀히 여기면

그대의 일평생이
하나님을 영화롭게 할 것이다.[65]

하나님이 축복하시는 방법

그대가
사람을 무시하면
사람들이 그대를 무시하고

일을 거부하면
일도 그대를 거부한다.

그대는
모든 이를
주께 대하듯 하고[66]

모든 일을
주께 하듯 하라.[67]

하나님은
사람과 일을 통해

그대를
축복하실 것이다.

사탄적 영웅의 근처에도 가지 마라

일상과 지성을 무시하는
종교 지도자들의 만행이
곳곳에 횡행한다.[68]

이들은
예수께서 물로 만드신 포도주를[69]
다시 물로 만들어
자신을 증명하려는
가증스러운 자들이다.

그대는
이런 사탄적 영웅의
그 근처에도 가지 마라.

행복은 미소 짓게 한다

그대가 행복하지 않으면
삶이 그대 때문에 슬프고,

그대가 행복하면
삶이 그대에게 미소 짓고,

그대가
이웃을 행복하게 하면
삶은 그대에게 경의를 표한다.

그대가 지혜로운 사람이라면

그대가
지혜로운 사람이라면

그대는

최신의 시스템보다 효율적이고,
그 어떤 전문가보다 탁월하며,
최고의 현인보다 지성적이며,
인공지능보다 지혜롭기 위해

최선을 다해야 한다.

―

만약에 그대가 위 네 주제에 대해 멘토를 만난다거나 관련
된 책들을 읽고 있다면, 그대는 성공에 이르는 것은 물론
지혜에 갈급한 많은 이들의 스승이 될 수 있다.

누가 그대의 주인인가

천국을 늘 본다고
천국에 가는 것이 아니듯이

교회 잘 다닌다고
믿음 좋은 거 아니다.

그대는
그대의 주인이 하나님이심을
증명하는 삶을 살아라.

서로 복종하며 자유와 진리를 누려라

"인생엔 영혼의 친구가 필요하다. 그대는 영혼 속까지 들어가 가치관과 동기와 성향을 분별하는 질문을 자유로이 던질 수 있는 친구를 만나야 한다."[70]

그리고 그 우정 안에서
서로 복종하며 자유와 진리를
누려야 한다.

이는 그대가
성숙과 거룩함에 이르는 길이다.

———

"사람은 누구나, 영혼 속까지 꿰뚫고 들어가 가치관과 선택과 동기와 성향을 검토하는 질문을 자유로이 던질 수 있는 관계 안에서, 누군가 다른 사람에게 복종해야 한다." (고든 & 게일 맥도날드)

"거룩함은 거기에 가까이 다가오는 자들을 변화시키는 용광로이다. 거룩은 기독교인의 장식품이 아니다. 그것은 혁명적인 대변혁을 위한 깃발이다." (유진 피터슨)

멘토가 있는 자는 복되다

인생에서

나를 혼내 주는
멘토가 있는 자와

멘토가 혼내줄 때
기꺼이 받아들이는 자가
복되다.

chapter 4

영 성

미소와 침묵

미소는
인격이 피워 낸 꽃이고

침묵은
성숙이 만개한 꽃이다.

지혜자는
미소와 침묵을 그 어떤 것과도
바꾸지 않는다.

———

미소의 뿌리는 유머이고, "유머는 기도와 함께 균형을 이루어야 한다."(윌키 오, 《마음의 길을 통하여》, 31.) 하나님은 사랑스런 미소로 은혜를 표현하시기도 한다.(매튜 헨리의 민 6:25의 주석에서)

"고독은 내 삶을 가치 있게 만드는 치유의 원천이다. 말을 하는 것은 종종 나에게 고통이며, 말의 무의미함에서 회복하려면 여러 날의 침묵이 필요하다." (칼 구스타프 융)

성경이 그대를 '읽게' 하라

우리는 성경을 도구로 사용하려 하지만,

성경은
그런 우리의 끝없는 죄성을
들추어낸다.

그대는 성경이
그대를 읽고[71]
도구로 사용하게 하라.[72]

———

"아무리 유익한 일에 쓴다고 해도, 하나님의 말씀을 도구로 대하는 한 우리는 성경을 읽은 것이 아니다. 우리가 성경을 이용하려고만 들면 성경은 우리에게 말하지 않는다."
(헨리 나우웬)

"성경을 펼치면 세상에서 일하시는 하나님이 보인다. 아니, 더 나아가 성경이 우리를 '읽는다.' 우리가 누구인지 일러주고, 우리가 하는 일이 무엇인지 밝혀준다." (폴 스티븐스)

그대는 하나님의 대리인이다

성경은
성도를 변화시키고

변화받은 성도는
세상을 변화시켜야 한다.

그대는
세상을 변화시키기 위해 파송된
'하나님의 대리인'이다.

———

이를 위해 하나님은 성도에게 성경에 순종하는 삶을 특권
으로 주셨다.

애통으로 발돋움하라

의지가 정화되기 위해
필요한 것은
애통이고,[73]

무너져야 할 자기 의지를
붙잡으려는 발악은
분통[74]이다.

분통하며
불행을 자초하는 이들도 있으나

그대는
애통으로
평안을 누려라.

머리 둘 곳에 집착하지 마라

누구도
이 땅에 머리 둘 곳 없이는
살지 못하지만,

그대는
머리 둘 곳에
집착하지 마라.[75]

머리 둘 곳이 편해지는 것은
최대의 재앙이다.

———

"우리에게 닥쳐올 수 있는 다시 없는 최대의 재앙은 우리
가 이 세상을 본향(本郷)처럼 편하게 느끼게 되는 것이다."
(말콤 머거리지)

먼저 자신을 성찰하라

거울에 비친
그대의 망가진 모습이
거울을 닦는다고
반듯해지지 않듯이

환경(남)을 탓한다고
안 풀리는 일들이
해결되지 않는다.

삶이 엉망이 될 때

그대는
먼저 자신을 성찰하라.[76]

―

"자기 성찰의 영성은 일상에서 항상 하나님의 사랑을 의식
하며 살아가는 수단이다. 이는 하나님과 좀 더 성숙한 관
계를 맺게 해준다. 다시 말해, 어린아이처럼 '이것 주세요,
저것 주세요' 하는 태도를 버리고, 하나님을 '아바 아버지'

라고 부르며 기뻐할 수 있는 성숙한 태도를 지니게 해준
다.”(피터 스카지로)

영성의 사람이 되어라

지혜자들이
영성을 강조할수록

학자들은
마음 연구에 올인하고
사람들은
자기 몸 꾸미기에 더 열광하나

그대는
영성의 사람이 되어라.

영성의 사람은(고전 2:12) "각 사람 속에서의 하나님의 독특한 역사하심을 의식하고 있다. 이 사람은 개인적인 특성들과 서로 상이한 환경들에 주의를 기울인다. 사람들이 그들의 매일의 생활 속에서 영적으로 중요한 것을 볼 수 있도록 돕는다. 그렇게 함으로써 사람들은 자기들 속에서 움직이는 선한 영, 혹은 악한 영을 구별하고 거기서 적당하게 반응할 수 있다." (사무엘 사우사드)

고독과 지혜

고독은
그대의 믿음이
그대를 이기는 소리로

지혜는
고독을 모르는 이들의 방식을
자연스럽게 따르지 않거나
그들과 어울리지 않는 것에
익숙한 자의 특권이다.

———

그러나 고독은 공동체(또는 성숙한 관계)와 조화를 이루어야 한
다.[77] 그렇지 못하면 이는 외로움(loneliness)이다.

성자와 순교자

성자와 순교자의 차이는
face가 아니라
pace의 차이다.

그대는
서두르지도 말고,
게으르지도 말며,
정중동하라.[78]

———

성자는 순교자의 유혹을 이긴 성도이다. 일상에서 순교의
유혹을 물리친 이가 성자다. 모든 성도(saint)는 성자(saint)
이다.

지뢰밭 지나듯 피해 가라

영성을 막는 네 가지는

소비주의,
편리주의,
개인주의,
상대주의다.

그대는
이 네 가지를
지뢰밭 지나듯 피해 가라.

받아들이는 평온과 바꾸는 용기

그대는

바꿀 수 없는 것을
받아들이는 평온과

바꿀 수 있는 것을
바꾸는 용기,

그리고
이 둘을 분별하는 지혜를[79]
구하라.

이는 그대의 일생을 지혜로 이끌어 형통을 누리게 할
것이다.

경청으로 경건을 훈련하라

자기 정련이 끝나지 않은 이의 말에는
독이 있어,
듣는 이의 영혼을
쇠약하게 하지만

이 독언을 경청하는 능력이
경건이다.

그대는
답을 준비하는 경청이 아닌
침묵으로 듣는 경청으로
경건을 훈련하라.[80]

___

정련되지 못한 이가 세련된 척하면 미련하다. 그대는 이런
미련 떨지 말고, 자신을 정련하기에(욥 23:10) 전심을 다 하
여라.

"침묵은 지혜에게 영양분을 공급하는 잠이며"(프랜시스 베이
컨), "경건한 훈련이고, 성령의 파수꾼이다."(헨리 나우웬)

야성을 죽이는 시스템을 거부하라

그대는
세상과 구별된 존재이지,
세상에서 고립된 존재가 아니기에

영적 야성을 죽이는
고립 시스템을 거부하고

세상으로 나아가
구별된 자들을 위한 거점(공동체)을
세워야 한다.[81]

"실제로, 오늘날 많은 그리스도인이 세상과 너무 분리된 나머지, 잃어버린 영혼들, 즉 지옥으로 향하고 있는 사람들로부터 고립되어 있다. 이들은 기독교라는 누에고치 속에 있을 때 안락함을 느낀다. 친구들 대부분이 교회에 다니고, 주위에는 경건 서적과 기독교 텔레비전, 기독교 라디오 방송이라는 방벽이 둘러쳐져 있다. 찬양 집회와 설교 동영상에 둘러싸여 있으며, 모든 악한 영향으로부터 자신을 보호하기 위해 주위에 방탄막을 치고 있다. 달리 말하면, 그들

은 너무나도 경건하기 때문에 세상에 아무런 유익도 주지 못하고 있다는 것이다." (탐 알렌)

타인의 평가가 주는 부담감을 줄여라

사람들은
자신의 체중을
줄이려 하지만

그대는
먼저 그대에 대한
사람들의 평가가 주는 부담감을
줄여라.

쉼과 안식에 아낌없이 투자하라

쉼 없는 노동이
그대의 몸과 마음을 파괴하듯이

안식 없는 믿음은
그대의 영혼을 파괴한다.

그대는
쉼과 안식에
아낌없이 투자하라.

———

일주일에 하루를 온전히 안식하는 안식일은 유대인의 정체성 그 자체이다. 아브라함 J. 헤셸에 의하면, 안식일은 "인류의 진보를 위해 가장 큰 희망을 나눠주는 제도"이다. "일주일에 하루는 자유를 위해 따로 떼어놓는다. 자신과 함께 있는 날, 저속한 것으로부터 탈피하는 하루, 외부의 의무로부터 독립하는 날, 문명의 우상들을 숭배하는 것을 멈추는 날, 동료들과 자연의 힘 사이에서 벌이는 경제 전쟁에서 벗어난 하루, 이것이 바로 인식일이다. 인류의 진보를 위해 이보다 더 큰 희망을 나눠주는 제도가 어디 있는가?"

쉼은 최고의 투자이다

인류는 계속 더 바빠지고
그럴수록 지혜자는
쉼에 더 투자한다.

쉼은

몸이 피곤할 때
회복을 주고,

마음이 심란할 때
안정감을 주고,

관계가 엉망일 때
성숙한 거리감을 주고,

분별력이 흐려질 때
총명함을 주고,

생각이 흐트러질 때

집중력을 주고,

모방(답습)의 늪에 빠졌을 때
새로운 생각을 주고,

정서가 불안할 때
안정감을 주고,

영이 힘들 때
평안을 준다.

쉼은
최고의 투자이다.

고독이 깊어질수록 더 행복하다

그대가
기쁘고자 한다면
관계를 살찌우고

행복하고자 한다면
고독을 즐겨라.

고독이 깊어질수록

그대는
더 행복하다.

침묵과 고독에 머물러라

우리는 지금
우리 영혼의 근간을 뿌리째 흔드는
"분주함과 정신적 긴장이라는 폭력"[82]에
휘둘리고 있다.

이 폭력은
우리에게서
풍성한 결실을 맺는 삶에 필요한
내면의 지혜를 뿌리째 빼앗아간다.

그대는
어떠한 경우에도
침묵과 고독에서
멀어져서는 안 된다.

잊히는 자리에 머물러라

무명한 이가
유명해지기보다는

유명한 이가
무명해지기가 더 어렵다.

노력과 운이 따르면
유명해질 순 있지만

자기 비움 없이는
무명함의 성숙을 받아들이지 못한다.

믿음은
잊힘을 준비하는 삶이다.

그대는
잊히는[83]
자리에 머물러라.[84]

아무도 그대를 보지 않을 때

그대는,
아무도 그대를 보지 않을 때의
그대를

존중하는가?

——

"진정한 당신의 모습은 어둠 속의 당신이다. 아무도 보지
않을 때의 당신이 진정한 당신의 모습이다." (무디)

묵상은 약이다

"하나님의 말씀은 침묵 속에서 그리고 침묵을 통하여 머리에서 가슴으로 내려가고, 거기에서 우리는 말씀을 되새김질하고, 곱씹고, 소화하고 내 살과 피가 되게 한다. 이것이 묵상이다."[85]

그대는 묵상하라.

묵상은 약이다.

———

묵상(meditate)은 '명상하다', '계획하다', '기도하다(attempt)'의 뜻으로, 그 어원은 '되새김질'이다. 하나님의 백성은 말씀을 되씹고 되씹어(masticatio), 그 영양분으로(medicine) 힘을 얻어(이런 의미에서 묵상은 약(medicine)과 같은 어원으로, '치료'의 뜻도 있다) 믿음을 살아낼 수 있다. 우리가 성경을 평생 묵상해야 하는 이유는 성경 시대의 삶을 살기 위해서가 아니라, 이 시대를 성경적으로 살아야 하기 때문이다. 말씀을 암기해야 한다. 암기한 말씀을 계속 꺼내어 되씹어야 우리는, 이 시대를 본받지(conform, copy) 않고, 변화를 받아(transformed), 이 시대를 개혁할 수 있는 방향과 능력을 얻을 수 있다.

인격 안에서

인간의 신격화는
최악의 비극을
초래한다.

그대는
인격 안에서
평안을 추구하라.

―

우리를 구원하시기 위해 하나님이 인격 안으로 들어오신
것이 성육신이다.

그대는 어느 길을 가는가

천국을 향해 가는
지옥 같은 길이 있고

지옥을 향해 가는
천국 같은 길이 있다.

천국 같은 길과
지옥 같은 길 중

그대는 지금
어느 길을 가고 있는가?[86]

능력보다 성숙을 택하라

가고 싶은 곳을
마음껏 갈 수 있는 것이
능력이고

가고 싶지 않은 곳으로
기꺼이 이끌려갈 수 있는 힘은[87]
성숙이다.

그대는
능력보다는
성숙을 택하라.

———

성경은 우리가 능력자가 되는 것엔 전혀 관심이 없고, 오
히려 우리에게 성숙하라고 명한다.

강함을 구했더니 약함을 주시고 1

강함을 구했더니
약함을 주시고,

지혜를 구했더니
문제를 주시고,

더 영적이기를 원했더니
'더 인간적이 되어라' 하시고,

피난처를 구했더니
전쟁터에 있게 하시니

이렇게 도통 모를 주님을
따르는 것이

믿음이다.[88]

—

하나님은 우리를 완벽히 사랑하신다고, 우리의 필요를 완

벽하게 해결해 주시는 것은 아니다. 우리의 인성과 지능과
영성이 더 성장할 수 있도록 하시기 위해 다 주시기도 하
고 일부만 또는 전혀 안 주기도 하신다.

과거를 승화시켜 미래의 날개를 달아라

과거에 묶여 있는 미래는
족쇄를 차고 있고

과거를 승화시킨 미래는
마음껏 날갯짓할 수 있다.

과거 위에 현재가 있고
그 위에 미래가 있기 때문이다.[89]

그대의 지금은
과거를 믿음으로 승화시켜
미래의 날개를 달아야 할 때이다.

———

심리적이고 영적인 건강은 자아를 상실하는 데 있지 않고
자기를 활짝 꽃피우고, 스스로를 이해하는 이미지를 끊임
없이 확장시키는 데 있다." (월키오)

그대는 실패 중이다

지금 그대의

착함에
정의감이 없고,

영성에
야성이 없으며,

믿음에
전염성이 없다면,

그대는
실패 중이다.

인생의 길을
잃고 있다는 말이다.

지금 그대가

지금 그대가 가정생활, 자녀 양육, 교회와 사회생활에서 바른길을 가고 있다면 그대는 혼자일 것이다.
이 길을 주와 함께 간다면 그대는 고독을 즐기는 지혜자이겠지만, 이 좁은 길을 혼자 간다면 그대는 외로움에 지배당해 탈진해 있을 것이다.

지금 그대가 잘못된 길을 가고 있다면 그대는 고만고만한 사람들에 파묻힌 어리석은 자일 것이다.
이 길은 넓은 길이어서 서로 끌어주고 당겨주는 동행자들이 넘쳐나 그대도 모르는 사이에 그대는 사망의 골짜기에 접어들었을 것이며, 혹 이 길에서 왕따를 당하여 깊은 수렁에서 분노와 비통의 발버둥을 치고 있을 것이다.[90]

믿음의 길은 좁고, 거칠고, 남이 가지 않는 길이라, 누구라도 그 첫걸음을 내딛지 않으려 한다.
이 길을 주님과 함께 가는 이들이 지혜자이며, 지혜자는 외로움을 이기고 기꺼이 고독을 즐기는 성자이다.

——

"고독은 변형(transformation)이 일어나고 치유가 확산하는
공간이다." (헨리 나우웬)

"고독은 변형(transformation)이 일어나고 치유가 확산하는
공간이다." (헨리 나우웬)

지금 그대에게는 무엇이

신앙은 그 열심에서 불이 붙는다.

열심의 단계를 지난 분이 신자고,
영적 성숙을 사역화하신 분이 순교자이고,
순교의 유혹을 이긴 분이 성자(聖者)이고,
성자의 유혹 이긴 분은 지혜자(隱者)이다.

열심자는 교회에서 만날 수 있고,
신자는 세상에서 만날 수 있고,[91]
순교자는 고난의 현장에서 발견할 수 있고,
성자는 예수님의 마음이 머무는 곳에서 만날 수 있지만,
지혜자는 하나님의 때에만 잠시 드러났다 사라진다.

열심자에게는 겸손이 필요하고,
신자에게는 성숙이,
순교자에게는 '사역(Doing)에서
존재(Being)로의 패러다임 시프트'가,
성자에게는 영적 나력(裸力)이,
지혜자에게는 더 고독이 필요하다.

지금 그대에게는
무엇이 필요한가?

chapter 5

사 명

착한 종이 되어라

좋은 차(tea)는
정신을 맑게 하고

좋은 친구는
영혼을 맑게 하며

좋은 스승은
인생을 맑게 하고

좋은(착한) 종은
세상을 맑게 한다.[92]

교회와 이웃을 평안케 하라

길이 잘 들은 연장이
일꾼을 편하게 하고,

성숙한 사람은
상대를 편하게 하듯,

그대는
교회와 이웃을
평안케 하라.

순종의 길을 가라

평생 기도해도
도(道)가 틀 수 없고,

억만 번 선해도(good)
하나님(God)이 될 수 없다.

우리 모두는
주의 말씀에 순종하도록
지음을 받았을 뿐이다.[93]

―

내가 듣기 원하는 말보다는 필요한 말을 듣고 성장해야, 인생의 길이 막혔을 때 그 말이 출구를 찾게 하는 지혜가 된다. 이제라도 좋은 말에[94] 경청하는 것이 새로운 인생을 시작하는 것이자 성공에 이르는 지혜다.

좋은 소식 전달자가 돼라

좋은 소식보다
좋지 않은 소식이
훨씬 빨리 전파되고

좋은 소식 전달자가
상대적으로 훨씬 소수이나[95]

그대는
좋은 소식 전달자가 돼라.[96]

지혜자는 '좋은 소식(good news)'을 듣고 살기에 나쁜 소식
에 면역되어 "내일 일을 염려"할 이유가 없다. (마 6:34)

목적 실현에 헌신하라

세상 사람들은

자아실현에
올인하지만

그대는
이 땅에 태어난 목적 실현에
헌신하라.

———

"하나님의 거듭난 자녀로서 창조된 목적을 이루어 가면 세 가지 상을 받는다. 첫째. 성공을 얻게 된다. 진정한 성공은 창조된 목적을 이루어 가는 것이다. 둘째, 행복을 얻게 된다. 셋째, 의미 있는 삶을 얻게 된다. 목적 곧 존재 이유를 향해 달려가지 않는 인생은 아무런 의미가 없다. 권태, 게으름, 불안감, 두려움, 의심, 이 모두는 인생의 의미가 없어서 생기는 것이다." (피터 로드)

'소금과 빛인가'로 평가하라

예언을 하고
기적을 행하는
사역자들이 있다.

교회 안에서는
이들을 슈퍼 사역자로 평가하지만

그대는
이들이 '세상에서 소금과 빛인가'로
평가하라.

미래의 바다에 몸을 던져라

미래를 예언하는 최고의 방법은
미래를 만드는 것이다.[97]

이스라엘 백성이
머리와 가슴이 아닌 두 발로
홍해와 요단강을 건넜듯이[98]

그대는
미래의 바다에
몸을 던져라.

———

"하나님은 그대가 실내수영장에서 퍼덕거리는 대신 깊고
거친 바다로 나가 거침없이 뛰어들도록 준비시키신다." (피
터 마샬)

그대는 사명적 존재다

누구나 사명감을 상실하면,
그렇고 그런 이야기들만 떠드는
길 잃은 인생을 살아가게 된다.

그대는
사명적 존재다.[99]

평생에
좁은 길을 가며
사명을 성취하라.[100]

"우리가 만약 자기 사명에 대한 경이감을 잃으면, 그렇고 그 런 시장의 그렇고 그런 장사꾼들처럼 그렇고 그런 상품들에 대해 이러쿵저러쿵 실없이 떠들게 될 것이다." (존 스토트)

그대에게 산다는 건 사명을 살아내는 것이어야 한다.(빌 3:12~14) 그대가 그 어떤 사명보다 우선할 것은 복음을 살 아내는 것이다.[101]

영적 안내자가 돼라

사람들은
그대가 해결자가 되기를
열망하니

그대는
이 유혹을 물리치고
영적 안내자[102]가 돼라.

———

"미래의 그리스도인 지도자들에게 주어진 임무는 시대의
문제나 환난을 해결하는 데 힘쓰는 것이 아니라, 하나님의
백성들이 예수님을 통해 사막을 지나 새로운 자유의 땅으
로 가도록, 노예 된 삶에서 그들을 끌어낼 방법을 찾아 알
려주는 것이다." (헨리 나우웬)

그대는 온도조절기다

성도는
온도계가 아니라
온도조절기다.[103]

그대는
온도조절기로 살면서
세상을 변화시켜라.

이웃을 그대 몸처럼 사랑하라

남을 이용하여
자기의 이익을 챙기는 이들이
넘쳐나는 세상이나

인류의 성현들은 "자신에게 행하고 싶지 않은 것은 남
에게도 행하지 말고"[104] 또 "네가 너 자신에게 미워하
는 것을 네 이웃에게도 하지 말라"[105]고 가르쳤다.

이웃 사랑은
실천적 지혜[106]의 극치이다.

주는 자의 복을 누려라

주고받는 것이
인지상정이라 하고
받는 것을 더 바라는
이들도 있으나

그대는
주는 자의 복을
누려며[107]

이 땅에서
천생(天生)을 살아라.

사랑을 익히기까지 일평생을

"사랑을 배우는 데는 평생이 걸린다. 성령께서는 우리 존재의 가장 내밀한 구석구석까지, 공포감과 장벽과 질시가 자리 잡은 모든 곳까지 스며드셔야 하기 때문이다."[108]

사랑을
익히기까지

그대는
일평생을 투자하라.

절제하라

제자(disciples)에게
가장 우선되는 것은
절제(discipline)다.

절제는
목표와 성취를 이어주는 다리로

목표 성취를 위해
자신의 직감, 생각, 감정, 습관,
행동 등의 모든 것을
통제하는 능력이다.

그대는
절제하라.[109]

———

절제라는 모판 위에 배양된 영적 '능력과 리더십'이 자라
열매(목표 성취)가 맺힌다.

짐을 멜 어깨를 주셨음을 감사하라

많은 이들이
자기가 짊어져야 할 짐 때문에
불평하나

그대는
하나님께서
짐을 멜 어깨를 주셨음을
감사하라.

―

"하나님은 우리에게 짐(burdens)을 주셨지만 짐을 멜 어깨
도 함께 주셨다."(유대 잠언) 성도라면 어깨로 두 개의 짐을
지어야 한다. 먼저는 자기 짐(load) 이고, 다음은 서로 질 짐
(burdens)이다.(갈 6:2~5)

믿음과 소망과 사랑을 살아내라

믿음은 미래를 현재화시키고,
소망은 현재를 미래화시키며,
사랑은 과거를 미래화시킨다.

그대는
믿음과 소망과 사랑을
살아내라.[110]

그러면
이 땅에서
천국을 누리게 될 것이다.

세상의 '소금과 빛'이어야 한다

누구나
자신에게 도움을 주는 비료 같은
사람을 원하고

이웃에게
비료 같은 존재가 되는
이들도 있다.

그러나
그대는 먼저
세상의 '소금과 빛'이어야 한다.

예수님의 뒤를 이어서 가라

성공은
으뜸이 되는 것이며,[111]
먼저 도달하는 것이며,
많이 가지는 것이자
무리에게 인정받는 것이라 한다.

그러나
참 성공(success)은
'뒤를 잇는 것(succeed)'이다.

그대가 성공하려면
성공한 이인 예수님의 뒤를[112] 이어야 한다.

———

"그리스도인의 성공은 성공자이신 예수님의 뒤를 잇는 것,
그분을 따르는 것이다." (레너드 스윗)

고독한 길

그대는
십자가의 길을 가기에
외롭지 않다.

그 길은
고독의 길이기
때문이다.

———

외로움에 면역이 되어야 고독할 수 있고 고독해야 십자가
의 길을 갈 수 있다.

하나님의 돌보심을 대행하라

하나님이
아들을 십자가에 매달면서까지
우리를 돌보아 주시듯

우리도
우리의 이웃을
돌보아 주어야 한다.

그대는
그 어떤 어려움을 감수하면서라도
하나님의 돌보심을 대행하라.

—

"돌봄이란 희생을 감수하는 것이고, 불안한 것이며, 심지어 때로는 맛보기 싫은 것이다. 다른 사람의 삶에 드리워진 깊은 그늘의 계속은 우리를 또한 두렵게 한다. 우리는 그 안으로 들어갈 용기와 지속성이 부족하다." (앨러스테어 캠벨)

돌봄을 주고받아라

누군가가
그대를 배려하거나
잠시라도 케어하려 하면[113]
고맙게 받아들여라.[114]

케어를 주고받는 것은[115]
지혜의 마땅한 도리이자
문명의 발전에
동참하는 것이다.

———

인류학자 마가렛 미드에 의하면, 대퇴부가 골절된 이가 누
군가의 돌봄으로 회복된 때에 문명이 시작되었다.

사라지는 리더

자신의 희생으로
영웅이 되는 리더십은
성경적이지 않다.

성경은,
그대가
섬김으로 작아지고(mini) 더 작아지다
결국엔 사라지는 리더(minister)가
되라 한다.[116]

———

리더는 섬기다(minister) 날마다 작아지는 자(mini-ster)이다.
부르심을 받은 자는 계속 작아지는 자이고, 세례 요한의
고백처럼[117], 사역자의 결국은 자신이 쇠하여짐으로 예수
님이 승하심을 증명해야 하는 것이다.

고립이 아니라 구별

지혜자는
세상에서 구별된[118] 삶을 고집하다
고립되지 않고

고립을 피하려다
구별됨을 잃지도 않는다.

그대는
고립되지 않고
구별된 삶을 살아라.

사랑을 선택하라

어느 날
당신이 세상과 사랑 중
하나만을 선택해야 한다면

그대는
사랑을 선택하라.

세상을 선택하면
사랑을 잃고

사랑을 선택하면
세상을
정복한다.

———

주께서는 사랑을 선택하기 위하여 십자가에 매달리기까지
하셨다. (마 27: 32~44)

마음과 감정을 알기 위해

그대는

어떤 이의 마음을 알기 위해
그가 사용하는 단어에
귀를 기울이고

감정을 알기 위해
그의 행동을
관찰하라.

이렇게
정확히 알아야
바르게 섬길 수 있다.

착하고 충성스러운 종

"이 세상을 지배하는 세 개의 법은
불안, 두려움, 탐욕[119]인데"[120]

이것들을
믿음, 평안, 섬김으로 바꾸기에
헌신한다면

그대는
착하고 충성스러운 종[121]이다.

그대의 상처로 약한 자를 치유하라

고통이 살아있는 자의 특권이듯
상처 또한 그렇다.

요는 자기 상처로
남을 살리느냐
남을 죽이느냐이다.

그대의 상처로
약한 자를 치유하라.

———

"하나님이 당신을 위해 당신과 함께 계신다고 확신하지 않
으면, 당신은 고통을 참아내기 힘들다." (팀 켈러)

세상의 버팀목으로 살아라

고목이 거목인 양
설치는 세상이다.

그대는
거목이 되어
세상의 버팀목으로 살아라.

절박한 이들을 환대하라

기독교는
지푸라기라도 잡으려는 절박한 이들을
환대하는 종교이다.

이들을 외면하고 적대시하는 기독교라면
기독교는 지푸라기이며

이에 동참하는 교회는
지푸라기를 쌓아두는 헛간이고
성도는 지푸라기일 뿐이다.

그대는
절박한 이들을
환대하라.

따뜻한 경청자가 되어라

"우리가 필요로 하는 것은
우리를 위로하는 탁월한 지성의 언어가 아니라

우리에게 귀 기울여 주는
따뜻한 마음이다."[122]

그대는
따뜻한 경청자가 되어라.

성도는 머슴이다

성도는
머슴이다.

안다고 나대거나,
잘한다고 으스대거나,
인기 있다고 교만하지 마라.

이런 머슴은
'악한 자'다.[123]

그대가

예수께서는
제자들에게 샬롬이 아니라
검을 주러 오셨다.[124]

그대가 예수를 따르는 자라면
그대는 그 검을 든 군사이다.

그렇다면
묻는다.

그대는 누구의 편인가?

"예수님 편인가
그대 편인가."

주님의 자리에 앉지 마라

그대는

주님의 자리에
앉으려 하지 말고[125]

주님의 일을 하라.

사명을 살아내라

이 세상은 '최고의 해결사'를 바라나

실은 선한 영향력으로
'사명을 살아내는 자'가
더 필요하다.

그대는
선한 행실로
이웃에게 선한 영향력을 끼치는
사람이 돼라.[126]

사역자는 초인도 아니고 철인도 아니며 영웅은 더욱 아니다.

세상을 품어라

죄는 미워하되
죄인은 품어야 하듯

다들 썩었다고 말하는
세상을 변화시키기 위해

그대는
세상을 사랑하라.[127]

사랑으로 사탄을 이겨라

사탄에 농락당하는 자들이
우리를 공격하지만

우리가 싸워야 할 적은
사탄이다.

그대는
원수를 사랑하므로[128]
사탄을 이겨라.

온 천하를 순례하며

이 땅에 머리 둘 곳 없이는
살진 못하지만,

여우처럼
머리 둘 곳에 집착하는 건

순례자의 삶이
아닌 것이 분명하다.[129]

그대는
어디에서든지
순례자의 삶을 살며
사랑을 실천하라.

스미고, 품으며, 사랑하라

믿음대로 살려고
세상을 버리면
믿음을 버리는 것이며,

정결하게 살려고
죄인을 멀리하면
정결을 오염시키는 것이고,

거룩하게 살려고
사람을 떠나면
거룩을 포기하는 것이다.

그대는
세상에 스미고
죄인을 품으며
사람을 사랑하라.

그대가 비기독교적 환경에 있다면

그대가
비기독교적 환경에 있다면,

그곳이
수렁이라기보다는
그대의 파송지임을
명심해라.

그곳에서
그대가 소금과 빛으로 살라고

하나님이 보내신 것이다.

———

"당신이 만일 기독교적이지 않은 환경 속에 있다면, 당신이 부름받았음을 기억하라. 그리스도의 제자로서 우리는 모두 빛[130]과 소금으로서 부름받았다. 그러기 위해서는 사람들이 당신이 무엇을 위해 목숨 거는지를 진정으로 알아야 한다." (피터 오츠)

환자 or 신자

자기 몸을 위해서만
살아가는 사람은
환자(患者)이고,

자기 몸을 산제물로 드리는
사람이
신자(信者)이다.

신자만이
주를 따를 수 있다.

그대는
산제물의 삶을
살아라.

힘이 악용될 때

"힘이 악용될 때,
사람들이 학대당한다."[131]

그대가
그대의 힘과 소유를
악용할[132] 때,

사람들은
그대에게 학대당한다.

그대는
하나님이 주신 모든 것을
선용하라.

이는
이웃 사랑의
첫걸음이다.

냉철한 두뇌와 따뜻한 마음

이웃의 계획에 동참하기 위해서는
냉철한 두뇌가 필요하고

이웃의 슬픔에 동참하기 위해서는
따뜻한 마음이 필요하다.

그대는
냉철한 지성과
따뜻한 감성으로
"네 이웃을 네 몸처럼 사랑해라."

감격하고 감사하라

전투병은
최악의 상황에서도
살아있는 것만으로도 감사하고

훈련병은
편함을 찾기에
인생의 대부분을
불평하며 살아간다.

감사는
살아있는 자들의
감격이지

편함을 찾는 이들의
낭만이 아니다.

그대는
늘 감격하고 감사하라.

이웃을 사랑하라

행복은
이웃에게 있다.

이웃을
사랑하라.

——

자기 주변의 사람이 얼마나 소중한지 모르는 이들이 행복
을 찾아 떠돈다.

chapter 6

기 도

기도는…

기도는
하나님의 지혜가
그대를 지배하도록[133]
내어 맡기는 것이자

그 지혜에
충분히 설득당하기 위한
침묵과 기다림이다.

응답이 아니라 태도

"믿음은 하나님께서 일 년 동안 내 기도에 얼마나 자주 응답하시느냐로 검증되는 것이 아니라, 그분이 하시는 일을 내가 이해하지 못할 때에도 하나님을 계속 섬기고 감사하는 모습으로 검증된다."[134]

그대의 기도에는
하나님 섬김과 감사가
선행하는가?

———

기도 전에 기도에 합당한 삶을 사는 것을 '기도 전 기도(pre-prayer)'라 한다.

기도 전 기도

우리의 잘못과 나태함 때문에
생긴 문제를 해결하기 위해
기도하는 이들이 있으나

그대는 기도 전 기도인
선한 삶[135]과 근면함으로
진정한 기도자의 삶을 살아라.

———

"기도는 우리의 나태함 때문에 야기된 문제들을 해결해 달
라고, 주님께 도움을 구하는 수단이 결코 아니다." (로버트 C.
세비지)

하나님을 위해 기도하라

하나님께서는
그대의 기도를
기뻐하시지만,

그대 자신을 위한 기도가
하나님을 위한 기도로
바뀌는 것을
더욱 기뻐하신다.[136]

숨 쉬고, 소통하고, 기도하라

숨이 막히면
몸이 죽고

소통이 막히면
관계가 죽으며

기도가(prayer) 막히면
영이 죽는다.

그대는
숨 쉬고, 소통하고, 기도하기를
다 소중하게 여겨라.

———
숨쉬기는 몸의 호흡이고, 소통은 관계의 호흡이며, 기도는
영의 호흡이다.

응답이 지체될 때

응답이 지체될 때[137]
대개의 기도자는

더 간청하고
떼를 쓰기도 하지만

그대는
이를 기도의 동기가 정화되는
기회로 삼아
더 깊은 성숙의 길로
들어서라.

———

"응답이 지체되는 것에 대해 거역하지 마라. 하나님의 때
는 올 것이다." (로버트 C. 세비지)

기도는 결과를 강제할 수 없다

기도는
하나님의 뜻을 이루기 위함인가?
나의 뜻을 이루기 위함인가?

많은 이들이
자신의 기도가 응답받기를 원하나

지혜자는
결과를 강제하는 기도에
임하지 않는다.

—

"기도의 핵심은 응답받을 수도 있고 거절당할 수도 있다는 점에 있다. 결과를 강제할 수 없다는 말이다. 지혜가 무궁무진하신 분께서 어리석기 한량없는 피조물의 요청을 듣는다면, 경우에 따라 들어주기도 하시고 거절하기도 하시는 게 당연하지 않겠는가. 언제나 응답을 받아내는 데 '성공'한다는 건 기독교의 교리가 아니다. 오히려 마술에 가까운 현상일 뿐이다." (C. S. 루이스)

지혜자의 기도와 분별력을 배우라

기도의 중요성을
지나치게 강조하거나
기도 많이 한다고
떠벌리는 이들을
경계해라.

그러나 그 일거수일투족에서
성숙과 지혜가 발산되는
분들이 있다.

그대는
이런 지혜자들의
기도와 분별력을 배우라.

먼저 지혜를 구하라

천릿길도
첫걸음부터이듯

인생의 첫걸음은
지혜를 구하는 것이다.[138]

지혜는
나와 이웃을 형통한 삶으로
인도하기 때문이다.[139]

강함을 구했더니 약함을 주시고 2

강함을 구했더니
약함을 주시고,

지혜를 구했더니
문제를 주시고,

더 영적이기를 원했더니
더 인간적이 되라 하시고,

피난처를 구했더니
전쟁터에 있게 하시니

"우리의 기도의 세월이
제아무리 길었다 해도,
우리는 모두 기도의 풋내기"[140]일 뿐이다.

기도와 공부

그대가 원하는 것만큼
일을 잘 해내지 못하는 것은

그대가 아직
모르는 무엇이 있기 때문이다.[141]

일 잘 해내기 위해
그대는 기도와 공부를 병행해야 한다.

공부 안 하는 기도는
그대를 무능자로 만들고

기도 없는 공부는
그대를 우상화한다.

———

실패한 이들의 실패의 주원인은 무지다. 무지를 극복하는
길은 공부뿐이다. 공부를 기도로 대체할 수 없고 기도를
공부로 대체할 수 없다. 기도와 공부를 병행하되 전심으로
몰입해야 한다.

소리 없는 기도

그대는
늘 긍정적으로 생각하라.

긍정적 생각이야말로

그대를 변화시키는
소리 없는 기도[142]이다.

기도로 지혜를 구하라

기도는
가능한 것을 원하는(want) 것일까,
불가능한 것을 바라는(wish) 것일까?

다
아니다.

그대는
기도를 통해
일이 되어지도록 할 수 있는(make)
지혜를 구하라.

기도 없는 행복한 만남은 없다

사랑이 위대하다지만
기도 없는 사랑은
가증하다.

그대는
기도 없이도
잘 풀리는 일을 멀리하고

기도 없이도 행복한 만남,
상상도 마라.

남의 결점이 잘 보이는가?

남의 결점이 잘 보이는가?

그렇다면
그대의 영혼이
병든 것이다.

그대는
먼저 자신의 결점을
더 잘 볼 수 있기를
기도해라.

하나님은
이런 기도를 기뻐하시며
그대의 영혼을
소생시키신다.

기도로 현실을 외면하지 마라

앞에서 아이가 유괴를 당하고
이웃이 폭력을 당하는데

하던 기도만
계속하는 이가 있다.

이래선 안 된다.

그대는
기도로 현실을
외면하지 마라.

___

"하나님은 우리가 하던 일을 멈추고 다른 사람의 고통에
대처하길 원하시지, 그 고통을 무시하길 원하시지 않는다.
하나님은 우리가 악에 맞서 싸우길 원하시지, 악을 부정하
길 원하시지 않는다." (죠셉 텔루슈킨)

chapter 7

가 정

그대의 신앙은 건강한가?

가정은 돌보지 않고
취미나 유튜브 시청에만 빠져 있는
가장의 영혼과

"가사는 돌보지 않고
쇼핑이나 일일 연속극 시청에만 빠져 있는
주부의 영혼은,

성가대석에서
아무리 큰소리로 찬양을 해도
절대 건강한 상태가 아니다."[143]

그대는
어떠한가?

공간이 아니라 처소

어리석은 자는
집을 자기가 좋아하는 것들로 채운
공간(space)으로 만들지만

그대는
그대의 집을
주 안에서의
기쁨과 행복을 위한
처소(place)로 창조해야 한다.

———

처소는 공간을 창조적으로 꾸민 곳, 또는 하나님의 사랑과 성경의 원칙이 적용되는 곳을 말한다. 예수께서는 우리를 위해 처소를 예비하신다.[144]

어떤 이는 자기의 수준(class)을 만족시키기 위해 자기가 통제하는 공간을 화려하게 꾸미나 격(classy)이 없는 경우가 많다. 지혜자는 돈을 많이 안 들이면서도 그 격이 드러나는 문화적, 정서적, 신앙적 창조 미가 가득한 처소로 꾸민다.

중요한 것은 집의 크기가 아니다

중요한 것은
집의 크기가 아니라

가정 안에서
누리는(enjoy)
기쁨의 크기이다.

그 기쁨이
클수록

더 평안과 행복을
누린다.

함께 정원을 가꿀 수 있는 이와

대개가
정원을 꿈꾸며 결혼을 하나
정글에 파묻힌다.

하나 되어[145]
지혜로 사는 부부만이
정원을 가꿀 수 있다.

그대는,
지혜와 명철로
함께 정원을 가꿀 수 있는 이와
결혼하라.

———

"결혼은 하나님의 신실한 사랑의 산증인이 되는 하나님의
방법이다. 한 남자가 한 여자가 이런 식으로 결혼생활을
영위하기로 한다면, 그들의 관계는 근본적으로 새로운 의
미를 지닌다." (헨리 나우웬)

고독을 즐기는 배우자를 만나라

결혼은 고독한 사람들이 만나
함께 거룩해져 가는 한평생이다.

그대는
먼저, 그대의 외로움을
고독으로 승화시키고

고독을 즐기는
배우자를 만나
함께 거룩함을
실천하라.

———

외로움을 승화시키지 못한 결혼 대부분은 이혼으로 이어지고, 서로 행복하기 위한 결혼은 늘 상처투성인 것이 현실이다.

"하나님께서 우리를 행복하게 하기 위해서가 아니라 거룩하게 하기 위해서 결혼을 만드셨다면 어떨까?" (게리 토마스)

결혼식과 결혼

결혼식이
결혼보다
절대 중요하지 않다.

그대는
소박한 결혼식을 올리고
지혜롭게
결혼을 살아내라.

———

지혜자의 불변의 전략은 'small to big'이다.

기도와 결혼

"기도가
더 나은 결혼을 위한
도구가 되고

결혼은
더 나은 기도 생활을 위한
도구가 된다."[146]

그대는
기도 없는 결혼은
상상도 하지 마라.

우정하지 않으면 파경에 이른다

그토록 많은 결혼이
이혼으로 끝나는 것은
부부가 우정을 누리지 못해서다.

부부는 서로에게
하나님이 보내주는 최고의 친구이다.

서로 우정하지 않으면
결국엔 파경에 이른다.

주님이 우리의 친구이듯[147]
그대는 배우자의
가장 소중한 친구가 되어라.

자기를 낮추고 상대를 존중함으로

결혼은
신비한 공동체적 삶으로

주께서 그러하셨듯이[148]

자기를 낮추고
상대를 존중함으로
창출되는 축복이다.

———

"어떤 결혼이든 성공이나 실패를 94%의 정확도로 예측할
수 있다. 5:1의 비율, 즉 남편과 아내 사이에 상호 작용이나
긍정적인 감정이 부정적인 것의 다섯 배가 되는 한 결혼생
활은 안정될 수 있다."[149]

투명한 삶으로 자녀를 양육하라

부모가
이웃에게 존경심 없는 존댓말을 하는 것을
듣고 자란 자녀는
사람들을 위선으로 대할 것이고,

사람들은 그런 자녀를
비인격적으로 취급할 가능성이
대단히 높다.

이렇게
부모의 위선을 보고 자란
자녀의 일생은
패망의 길을 간다.

그대는
바르고 투명한 삶으로
자녀를 양육하라.

그 삶을 지켜보며 자란 자녀들은

지혜자는,
일평생을 배우고 체득한 지혜를
삶으로 살아내고

그 삶을 지켜보며
자란 자녀들은

그 지혜를
자기 삶에 적용하여

하나님이 자기에게 주신
모든 가능성을 실현해 내는
소명을 성취한다.

———

지혜는 우리가 누려야 할 최고의 가치로 후손에게 물려줄
인류의 유산이다.
하나님은 모든 인간에게 각각의 소명(portion)을 주신다. 부
모는 자녀가 하나님께 받은(to be dedicated) 그 운명으로 향

하는 길을 자녀 스스로 찾아갈 수 있도록 도와주어야 한다. 그 길을 가는 자녀들은 성장하여 하나님께서 자기에게 주신 그 소명을 이루어 하나님께 바친다(to dedicate). 또는 그 소명으로 하나님의 뜻을 대행한다. 이때의 바친다 (dedication)의 히브리어 하누크(חנך)는 성전을 '봉헌하다'의 '봉헌'과 같다.

하나님께서는 자녀들이 성장하면서 지혜를 체득하도록 창조하셨다. 자녀들이 지혜를 체득하는 길이 있다. 바로 잠언 22:6이다.[150]

이 말씀은 하나님께서 부모에게 하신 말씀이 아니라 자녀들에게 하신 것임을 명심해야 한다.[151] 자녀를 지혜롭게 자라도록 하는 데 있어 무엇보다도 부모의 지혜가 중요하다. 그러기 위해서는 먼저 부모가 자녀를 훈육하고(train up) 가르치는 이 시대의 방법을 따르지 말고, 자녀 스스로 자기의 운명을 찾을 수 있도록 도와야(섬겨야) 한다.[152]

가(家)테크에 헌신하라

대개의 재테크는
자연스레
노(老)테크로 이어지고

노테크는
유(산)테크로
이어지기도 하나

그대는
믿음과 공익의 명문가를 세우는
가(家)테크에
헌신하라.

———

자녀에게 유산을 남기기 위한 전략.

자녀들을 바르게 키워라

다들
자녀들을 위해
좋은 집을 지으나(build)

자녀들을
바르게 키우지 못하면

그들이 자라서
그 집을 팔아먹고도
모자랄 지경이 될 것이다.

그대는
자녀들을
바르게 키우기에(build)
우선이어야 한다.

자녀와 시간을 함께하라

그대가
자녀를 위해
돈을 쓰는 것보다

자녀와 함께하는
시간을 사용하는 것이

더 중요하고
더 가치가 있다.

———

시간의 자유는 삶의 가치를 최고에 이르게 한다. 부모가
자녀들과 함께하는 시간이 많으면 많을수록 자녀는 성장
하여 더 많은 시간적 자유를 누리게 될 것이다.

기꺼이 용납하라

자녀를 위해 기도하는 부모라면
자녀가 무슨 짓을 해도
기꺼이 용납할 준비가
되어 있어야 하듯

배우자를 위해 기도하는 이라면
배우자가 무슨 짓을 해도
기꺼이 용납할 준비가
되어 있어야 한다.

먼저 가족을 사랑하라

그대가
아무리 위대한 사역자라 할지라도

그대의 믿음을
가족에게 인정받지 못하면

다 내려놓고
먼저 가족을 사랑하라.

———

"당신이 크리스천이라는 것을 모든 사람이 알 수 있을 정
도로 바르게 살아야 한다. 하지만 무엇보다도 중요한 건,
당신이 크리스천이란 것을 당신의 가족들 역시도 알아야
한다." (무디)

chapter 8

재 정

그대가 문제인가 우상이 문제인가

지금 우리가
돈이 우상인 시대에
살고 있는 것은
분명하다.

그러나
그대가 돈이 없어
돈에게 굽실거리게 된다면

당신이
문제인가,
우상이
문제인가?

소유욕은 해로운 습관이다

이 세상 모든 것들의 주인은
하나님이시다.

우리는 이것들을 은혜로 위탁받아
지혜롭게 관리만 할 수 있을 뿐이다.[153]

이런 이유로
소유욕은
용서받을 수 있는 죄가 아니라
용서받을 수 없는 악이다.[154]

—

"사물에 대한 소유욕이 인생에서 가장 해로운 습관 중 하나라는 것은 의심할 여지가 없다. 그러나 이는 자연스러운 것이기에 소유욕이 악하다는 것을 거의 인식하지 못한다. 하지만 그 결과는 처참하다." (A. W. 토저)

나눔은 소유욕을 억제한다.

그대는 행복하기를 원하는가?

그대는 행복하기를 원하는가?
그렇다면

고정 수입은 늘리고
고정 지출은 줄이고
고정 관념은 없애라.

하나님이 주신 것으로 만족하라

사람들은
자기가 원하는(want) 것을 가지려고
끝없이 구하지만

그대는
하나님이 주신 것만으로(need)
부족함(want)이 없어야 한다.

———

평상시 당신이 원하는(want) 것들을 사느라 돈을 쓰면, 돈
이 필요할 때 당신에게 가장 필요(need)한 것들을 헐값에
팔아야 한다.

지갑 통제는 최우선적 사명이다

지갑을 통제하지 못하는 자에게

돈은
마귀의
수단이 된다.

지갑 통제는
그대가 최우선으로 할
사명이다.

———

사람의 관심과 에너지를 가장 많이 집중시키는 것이 돈이
다. 돈에 대한 태도가 곧 사람의 인격과 품성, 심지어는 신
앙심까지도 그대로 드러낸다. 돈에 대해 신뢰할 수 없는
사람에게서 바른 인격과 품성, 성숙한 신앙을 기대할 수
없다. "금전적인 면에서 신뢰가 가는 사람만이 종교적으로
신실하다." (츠비 히르슈 코이도노버)

그대는 무엇을 나누는가?

하나님의 은혜로 사는 우리가
그 은혜를 갚는 길은
이웃과 나누는 것이다.

지혜자는
돈과 재능을 나눈다.

그대는
무엇을 나누는가?

———

기부(돈을 내어주는 것)는 우리를 억누르는 어두운 세력들에 대해 승리하는 것이며(리처드 포스터), 힘의 한 형태로서의 돈은 그 소유자와 너무나 밀접하게 연관되어 있으므로 "우리는 우리 자신을 내주는 일 없이 지속적으로 돈을 내어줄 수가 없다." (바우먼)

돈만큼 은혜를 막는 것도 없지만 돈만큼 은혜를 퍼트리는 것도 없다.

"인생의 목적은 재능을 기부하는 것이다."(아인슈타인)

나눔과 베풂의 삶을 택하라

성경은
청빈보다는
나눔과 베풂을 강조한다.[155]

그대는

나눔과 베풂의 삶에
집중하라.

———

"남을 도와줄 때는 화끈하게 도와줘라. 도와주는지 마는지
흐지부지하거나 조건을 달지 마라. 괜히 품만 팔고 욕만
먹는다." (탈무드)

명품을 입은 감옥

고가 수입차를 타고
고급 주택에 살기 위해
싫은 직업을 유지해야 한다면

그대의 처지는
명품 옷을 입고
감방 생활하는 거나 다름이 없다.

이는
그리스도인의 태도가
아니다.

소비주의를 배척하라

그대는
소비주의를
배척하라.

소비주의는
세상을 본받는(copy) 것이기
때문이다.

———

많은 이들이 물건을 사느라 인생의 3분의 2를 보내고, 3분의 1은 그 물건들을 치우느라 허비한다.

소비주의는 과소비가 일상화된 것을 말한다. 과소비로 씀씀이가 헤픈 사람은 그 삶이 규모를 잃었고, 그 영혼은 균형 감각을 잃었다는 증거다.

소비주의, 편리주의, 경쟁주의, 개인주의는 영성을 무력화시키는 네 가지다.

이타적인 삶을 자처하라

대부분 사람은
자신의 궁색한 삶에 대해
그럴 듯하게 변명하나

그대가
청렴하고 살며 기부하는
이타적 삶을 자처했다면

어떤 경우에도
자족하는 마음이[156]
충만할 것이다.[157]

―

"우리는 종종 과거의 자신에게 일어났던 문제가 자신을 다른 사람들과 다른 유별난 사람으로 만들었다고 느끼면서, 그것을 스스로 발전하지 못하는 하나의 핑계로 삼곤 한다." (케이시 트릿)

부는 사람을 섬긴 결과이다

진정한 부자는
돈만 많은 이가 아니라
부(wealth)를 소유한 사람이다.

부는
사람을 섬긴 결과이기에

진정한 부자는
가난한 사람을 책임지기에
공격적이다.

그대는
이웃을 섬기고
가난한 이들을 살펴라.

———

부자들이 그대보다 더 현명한 것이 아니다. 그들은 더 많
고 좋은 정보를 가지고 있을 뿐이다. 그들은 그 정보의 대
부분을 독서뿐만 아니라 그 정보를 가지고 있는 이들과의

관계에서 얻는다.

"부란 사람들과의 교류를 통해 얻을 수 있다." (월리스 D. 위틀스)

목적과 이익과 평안

그대가
시간적 자유와
경제적 자유를 누리려면

목적과 이익과 평안에
적합하지 않은 일에
시간을 낭비하지 마라.

재정적 안정을 누려야 한다

돈이 없어 생긴
개인적, 가정적, 사업적 문제를
해결하느라
돈벌이에만 집착하는 이들이 적지 않다.

돈은 우리를 이런 집착에서 벗어나
보다 선하고 창조적인 일에 집중하게 한다.

이러기 위해
우리는 지혜롭게 벌어[158]
절약하고 투자하여
재정적 안정(자유)를 누려야 한다.[159]

———

저축보다는 투자를 해야 한다. "저축은 위대한 습관이나
투자하지 않으면 돈을 잠재울 뿐이다." (마 25:18, 26~30)

고급 승용차보다는 밥차를

그대는

고급 승용차를
타기보다는

밥차를 사서
배고픈 이들을
섬겨라.

돈을 선교로

인생 대부분의 문제는
돈 때문에
발생하고

돈은
그 대부분의 문제를
해결한다.[160]

그대가
지혜롭게 번 돈[161]을

이웃의 고통을 치유하는 데[162]
선용하면

그대야말로
착한 선교사다.[163]

그대의 필요를 채우게 하실 것이다

대부분의 성도는 "나의 하나님이 그리스도 예수 안에서 영광 가운데 그 풍성한 대로 너희 모든 쓸 것을 채우시리라"[164]라는 말씀이 자신에게 향한 약속으로 믿고 있으나, 그렇지 않다. 이 말씀은 바울의 첫 번째 선교에 유일하게 헌금(기부, 투자)했던 빌립보교회에게 한 약속이자 세계 선교에 투자하는 성도에게 한 약속이다.

그대가
선교를 위해 돈을 사용한다면,

하나님께서는
그대가 그대의 창의력과 지각과 재능을 사용하여 그대의 필요를 채우게 하실 것이다.

행복은 사랑하고 절약한 열매이다

이웃을 사랑하지 않는 인생은
아군 없이 치르는 전쟁이고

절약하지 않는 삶은
실탄 없이 치루는 전쟁이다.

이런 인생은
결코 행복할 수 없다.

행복은
사랑하고 절약한
열매이다.

그대는
사랑하고
절약해라

——

"대부분 생활 수준이 특정 단계 이상으로 향상되었음에도

행복감은 감소했다. 오늘날과 같은 소비 태도가 이어진다
면 행복감 감소도 지속될 것이다." (린다 그래튼)

chapter 9

일과 일터

일터를 믿음으로 헤쳐 나아가라

믿음으로
물 위를 걸었던
베드로에게[165]
물 위는 일터였다.

그대는
그대의 일터를
믿음으로
헤쳐 나아가라(going through).[166]

———

베드로는 속수무책의 상황에서는 스스로 두려움을 극복할
수 없었다.[167] 그런 그가 주의 명령에 순종하여 물 위를 걸
을 수 있었다. 믿음은 두려움은 물리친다.

지혜의 왕을 초대하라

"오늘날의 비즈니스 문화에서
진정으로 부족한 것은 '지혜'다."

이렇게
'더 지혜가 필요한 시대'에

우리는 우리의 삶에
지혜의 왕이신 예수님을
초대해야 한다.

———

"24시간 연중무휴로 빅데이터(및 작은 데이터)가 스마트폰을 통해 우리의 주머니 속으로 쏟아져 들어온다. 거의 모든 정보는 큰 스토리나 틀이 없으면 이해할 수 없다. 쭉정이와 알곡을 걸러내는 것은 정보화 시대에 항상 존재하는 과제다. 오늘날의 비즈니스 문화에서 진정으로 부족한 것은 지식이나 정확한 지표, 시장에 대한 접근성이 아니라 '지혜'다." (출처 불명)

창조적으로 사고하라

경쟁적 사고를 하는 자가
반복되는 어려움을
힘겨워할 때

창조적 사고를 하는 자는
인생의 전성기를
누릴 것이다.

그대는
창조적으로 사고하라.

그러면
형통을 누릴 것이다.

경쟁적 사고로 부를 얻으면 타인에게 부정적인 영향을 주지만, 창조적 사고로 부를 얻으면 타인에게 유익할 수 있다. 창조적 사고를 하면 남들이 힘겨워할 때 인생의 전성기를 누리게 될 것이다.

탁월함은 하나님께 드리는 예물이다

일(사업, 업무)이
예배이다.

그대에게
일과 관계의 탁월함은

하나님께
드리는 예물이다.

그대는
매사에 탁월함을
추구하라.

———

"바울은 빌립보 교회에 보낸 편지에서 '너희로 지극히 선한 것을 분별하여 또 진실하여[168] 허물없이 그리스도의 날까지 이르라'고 권면하고 있다(빌1:10). 여기서 말하는 '분별하다(approve)'는 단순히 지적으로 옳다고 동의하는 것만을 의미하지 않으며 우리 존재의 전부를 투자한다는 의미

다(스테퍼트). 지극히 선한 것, 즉 탁월한 것을 추구하기 위해 전심을 다하라는 말이다." (황호찬)

"탁월함은 결코 우연이 아니다. 탁월함은 항상 절정의 의도, 성실한 노력, 현명한 실행의 결과이며, 여러 대안 중에서 지혜롭게 선택한 것, 즉 우연이 아닌 선택이 운명을 결정한다." (아리스토텔레스)

"지혜자는 그저 자신이 하는 일이 그 무엇이든 그 일에 탁월함을 추구하며, 그것이 그의 일인지를 결정하는 일은 다른 사람들의 몫으로 남겨둔다. 사실 그 자신은 그 일이 무엇이든 두 가지 모두를 동시에 하고 있다." (제임스 미치너)

바쁨은 죽음이다

영혼의 무기력함인 게으름이 개인의 죄라면 바쁨은 영혼의 오작동으로 자신과 이웃에게 폭력을 행하는 악이다.

바쁨은 무엇인가를 성취하기 위한 전략인 것 같지만 실은 인생의 목적을 상실한 불안과 두려움의 외면이다.

이 외면으로 당신의 영혼은 균형감각을 상실하여 당신은 멍(惡)하다.

세상에서, 심지어는 성전에서조차 영혼이 학대를 당하여 당신은 더 멍하다.

당신의 신음하는 영혼을 부드럽게 포옹하여 치유해 주어야 한다. 그리하여 영혼의 균형을 바로잡지 않고 일과 일상에 파묻히는 멍(악)에서 당신은 살아나야 한다.

바쁨은 죽음이다.

———

"우리는 속도를 늦추면 내가 깊이 느끼는 고통이 나를 엄습하지 않을까 두려워할 때가 많다. 우리는 이 고통에 맞설 용기가 없다. 그래서 그 고통을 눈치채지 못할 만큼 멍

하고 바쁘게 살려고 볼륨을 최대한 높이고 아찔한 속도로
달려간다." (파스칼)

그대는 결과로 말하라

부정적인 사람은
부정적으로 말하고,

어리석은 자는
어리석게,

무지한 자는
무지하게,

유식한 자는
유식하게 말하지만

그대는
결과로 말하라.

문제를 기회로 삼아라

평생 자기 한계를
못 벗어나는 이들은
기회를 문제로 단정하지만

그대는
문제를 기회로 삼아라.

인생에
이만한 지혜도 없다.

———

"Opportunities come as problems.(기회는 문제의 모습으로 찾아온
다.)"

신앙을 고백하게 하는 전문가

전문가들이 넘치는 세상에
자신의 전문성 안에
고객을 가두는 이가 있고

자신의 전문성을 통해
고객으로 하여금
하나님을 고백하도록 돕는 이도 있다.

그대는,
네 영역에서 먼저 신앙을 고백하고(pro+fession)
네 전문성으로
모두가 신앙을 고백하게(con+fession) 하는
자가 되라.

———

입만 열면 자기 전문성 자랑하는 이들은 요란만 하다. 이 자랑은 제 것 챙기려는 심보이다. 진정한 전문성은 챙기는 것이 아니라 섬기는 것이다. "본질적으로 professional(전문가)은 신앙고백을 하는 사람이다. 자신의 능력보다 더 크고 더 지혜로운 무엇인가에 대한 신앙을 고백하는 사람, 진정한 전문가는 다른 이들을 의존적으로 만들어 그들을 대상화하는 사람과 정반대되는 인물이다. 진정한 전문가는 자기 자신을 넘어 우리가 의지할 수 있는 저변의 실재, 감추어진 온전성을 행동으로 가리키는 자다. 슬픔에 빠진 사람에게는 전문가의 테크닉이 아니라 인생의 초보적인 은혜, 공동체나 자연이나 자아 속에서 찾을 수 있는 은혜에 대한 믿음이 필요하다. 진정한 전문가는 그런 은혜를 전문적인 솜씨로 가리는 사람이 아니라 모든 환상을 벗겨내고 인간의 마음이 의존할 수 있는 믿을 만한 진실을 드러내는 사람이다."(파커 파머)

선한 사업가의 매뉴얼

월급 받아서
가난한 이웃을 책임질 만한
선한 부자가 되기는
참으로 힘들다.

그대가
선한 부자가 되려면
월급 생활이 익숙해지기 전에[169]
사업을 시작해야 한다.

그러면 그대는
성경이 선한 사업가의 매뉴얼임을
발견하게 될 것이다.

———

성경은 사업가의 교과서다. 크리스천 사업가은 사업가의 교과서인 성경을 읽고 또 읽고 그 내용을 마음에 깊이 새겨야 한다. 그렇지 않으면 사업의 관행, 자신의 경험과 직관에 지배당하기 때문에 세속적 관행에 순응하게 된다.

성령 충만한 지혜자

지혜자는
성령이 충만하다.

성령이 충만한 인물은
신비적 예언이나 치유를 행하는 자가 아닌,

일터에서
지혜와 총명, 전문성, 팀 빌딩과 리더십에
탁월한 인물들[170]이었다.[171]

그대는
성령 충만하라.

세상의 소금과 빛으로 거룩하라

거룩은 탁류를 거부하고,
발에 흙 안 묻히는 것이 아니다.

거룩은 대홍수의 급류에
흔들리고, 온갖 악취가 진동하는
방주 속에 있어야 한다.

그대가
세상 속에서
소금과 빛이 되는 것이[172]
거룩이다.

최악의 실패

그대가 사업 실패로
1억 원을 날렸어도
교훈을 얻었다면
1조 원 그 이상도 벌 수 있다.

그대는
꼭 마음에 새겨라.

실패하지 않으려는 실패가
최악의 실패다.

———

사업가는 실패를 등에 업고서 '성공'이라는 목적지로 가는
사람이다.

실패 후의 성찰은 가치가 있으나 성공 후의 교만은 치명적
이다. 성찰은 새로운 기회를 부르지만, 교만은 패망을 부르
기 때문이다. (잠 16:18)

이루지 못한 것은 성공으로 가는 과정일 뿐이다. 실패에서
교훈을 얻는다면 실패는 성공에 이르는 기회가 된다.[173] 실
패가 두려워 시도하지 않는다면 이는 최악의 실패다.

모든 변화에 가장 지혜롭게 대처하라

총에 맞아서도
살아남은 자보다

총알을 피하고
적을 처치한 군사들이
더 영리하고
더 강한 군사이듯

급격한 변화에
끝까지 살아남은 자보다

변화에 가장 지혜롭게 대처한 자가
가장 강하고
가장 지혜롭다.

그대는
모든 변화에
가장 지혜롭게
대처하라.

자존심 or 자부심

"성공하고 싶은 사람은 자존심이 아니라 자부심과 사람들의 존경에 초점을 맞추어야 한다. 자부심은 진정한 성취의 결과이며, 다른 사람이 줄 수 없는 것이다. 무언가를 성취함으로써 우리는 다른 이들로부터 존경을 받고 자부심도 가지게 된다. 성취 경험이 없는 이들은 자존심을 세우려 든다. 우리의 안에 깊이 새겨진 자존심이라는 파괴적인 행동을 멈추기 위해서는, 먼저 자신의 약점을 인정하고, 화를 내거나 통제력을 잃지 말아야 한다."[174]

사명감이 없는 자의 네비게이션은
자존심이고

사명자의 네비게이션은
자부심이다.

그대는
자부심의 축복을 누려라.

1 잠 21:30은 우리가 왜 하나님께 굴복해야 하는가를 말해준다.

2 chisel. 돌에 구멍을 뚫거나 쪼아서 다듬는, 쇠 연장.

3 또는 "성령에 이끌리어."(마 4:1)

4 빌 2:8

5 잠 3:5~6

6 눅 22:39~41

7 수 24:15

8 마 16:3~4

9 시 23

10 막 9:23

11 agape

12 켈커타의 마더 테레사

13 the embodiment of Agape

14 요 13:34

15 embodiment

16 십자가의 요한은 이것을 가리켜 "하나님의 비밀스럽고 평안하고 사랑스러운 유입"이라고 했다.

17 갈 2:20

18 요 8:29

19 "반석 위에 집을 지으라." (예수)

20 롬 1:17

21 합 2:4

22 요 16:33

23 고전 15:31

24 롬 12:1~2

25 honest poverty

26 로버트 보드만

27 "Success consists of 1% of brain, 1% of knowledge, 1% of skill and 97% of attitude." (Zig Ziglar)

28 생각, 감정, 경험 등

29 마 16:24

30 마 3:1~3

31 이게 지혜(phronesis)다.

32 잠 2:6

33 마 11:28~29

34 Harry Kim, 《아들아》, 96.

35 마 10:16

36 게리 토마스

37 짐 론

38 Thornton Wilder

39 창 7장

40 세익스피어

41 헨리 나우웬

42 제임스 미치너

43 The Integrated Life

44 스캇 펙

45 "인간의 뇌는 도전을 사랑하고 고통은 효율적인 스승이다." (클리어)

46 불어로 pain은 빵임.

47 윌키 오

48 잠 15:1

49 살전 5:18

50 잠 14:29

51 눅 18:11~12

52 게리 토마스

53 마 7:1~7

54 마 24:42~43

55 시 23:4

56 잠 15:1

57 Paul J. Wadell

58 고전 12:1~10

59 레너드 스윗

60 지혜자가 사람을 평가할 때의 기준은 그의 답이 아니라 질문이다.

61 눅 12:20

62 롬 12:2

63 Cynthia Heimel

64 빌 게이츠

65 잠 16:31~33

66 막 9:37

67 골 3:23

68 겔 13: 1~16

69 요 2:1~12

70 《Soul Friend》

71 마 10:30~31

72 레너드 스윗

73 마 5:4

74 憤痛, resentment

75 마 8:20

76 시 77:6

77 같은 책, 31.

78 시 62:1~12

79 라인홀드 니이버

80 사 30:15

81 주께서 그러하셨듯이. (요 7;37)

82 토머스 머튼

83 forgettable

84 전 9:13~15

85 헨리 나우웬

86 마 7:13~14

87 마 4:1

88 고후 12:6~11

89 과거는 미래를 위한 주춧돌이라면 현재는 미래로 가는 디딤돌이다.

90   눅 13:24

91   마 5:13~7

92   마 25:21

93   고후 10:1~5

94   세상의 말과 뉴스가 F학점이라면 예수님의 말씀은 A+++이다.

95   레일 라운즈

96   사 52:7

97   앨란 카이

98   출 14:21~25, 수 3:8~17

99   Missional being

100   빌 2:12

101   "많은 사람이 나를 지켜본다. 난 그들에게 신앙을 전하지 않는다. 그 저 크리스천이 어떻게 사는지를 보여주려 노력할 뿐이다." (커쇼, LA 다저스 투수)

102   Spiritual director

103   Ken Eldred

104   논어 15:23

105   랍비 타르폰

106   phronesis

107   행 20:35

108   장 바니에

109   살후 3:6~18

110   고전 13:13

111   막 10:44

112   참 성공은 아가페의 마음으로 남을 끝없이 품어 준 열매이다.

113   care giving

114   care taking

115   갈 5:13

116   막 10:43~45

117   요 3:30

118   distinguished

119   anxiety, fear, greed

120 아인슈타인

121 마 25:14~30

122 The Lubivitcher Rebbe Artwork-Gathering Light

123 마 21:33~41

124 마 10:34 이하

125 겔 28:2

126 벧전 1:15

127 마 9:35

128 마 5:43~48

129 마 8:20

130 눅 11:33

131 James M. Pearson

132 abuse

133 the wisdom rule

134 게리 토마스

135 벧전 2:11~17

136 마 6:9~10

137 눅 18:1

138 대하 1:7~12

139 잠 8:10~11

140 토머스 머튼

141 에커

142 silent prayer, 默禱

143 피터 로드

144 요 14:2

145 "상합하여" (엡 4:16)

146 게리 토마스

147 요 11:11

148 빌 2:5~11

149 워싱턴 대학 명예 교수 Dr. Gottman이 무려 35년 리서치를 통해 얻은 학문적 통계이다.

150 우리 말 성경은 히브리어 원문을 "마땅히 행할 길을 아이에게 가르치

라 그리하면 늙어도 그것을 떠나지 아니하리라."로 번역했고 Douay-Rheims Bible을 제외한 대부분의 영어 성경도 이런 식으로 번역했다. 그러나 이 번역들은 히브리어 원문과는 다르다. 히브리어 원문은 이렇다: "청년이 자신의 가야 할 길(소명)에 헌신하면 그의 수염이 자랄 때 그는 그의 소명에서 떠나지 않을 것이다." 더 읽기 쉬운 번역은 "자녀가 자신이 가야 할 길에 자기 삶을 드리면(헌신하면) 그가 성인이 되어서도 주어진 소명에서 떠나지 않을 것이다."이다. (《WISER THAN THE MACHINE》, TEORIAN, 114.)

151 여기서 하누크는 아브라함의 318명의 군사들이 전투에 참전했을 때 사용된 단어와 동일하다(창 14:14). 신명기 등에서는 제물을 바쳐 새로 지은 집을 하나님께 봉헌하는 의식을 가리키는 데 사용된다(신 20:5, 왕상 8:63 및 대하 7:5 참조). 이 단어는 봉헌 절기인 '하누카'의 어원이기도 한다. (위의 책, 115.)

152 위의 책, 114.

153 눅 12:42~49

154 마 20:30

155 마 19:21

156 딤전 6:6

157 자족하는 마음은 경건을 꽃피운다.

158 마 25:16~17

159 Harry Kim, 《부의 여덟 가지 기둥》을 참조하라.

160 "돈이 없으면 더 많은 문제가 생기고, 돈이 많으면 문제가 없어진다." (빌 게이츠)

161 Making money

162 돈은 모든 고통을 치유하는 약이다. (빌게이츠)

163 일반적으로 선교사는 특정 종교의 도를 전하는 노마드(nomad) 정도로 알고 있다. 그러나 전 지구적 통합의 역사적 시각에서 볼 때 선교사는 전 세계 곳곳에 흩어져 사는 이들의 삶의 환경과 의식 수준을 고양(escalating)시켜 건강하고 성숙한 삶을 살도록 통합시켜온 이들을 말한다.

164 빌 4:19

165 마 14:28~29

166 "그러므로 너희는 가서(going through) 모든 족속으로…." (마
     28:19)

167 믿음의 반대는 불신이 아니라 두려움이다. 두려움을 이겨내지 못하는
     믿음은 존재하지 않는다.

168 that you may approve the things that are excellent. (KJV)

169 미국의 직장인들은 평생 12번 직장을 바꾸어야 생존하는 세대다.

170 브살렐과 오홀리압

171 출 31:1~11

172 마 5:13~16

173 "성공이란 열정을 잃지 않고 실패를 계속하는 것이다." (윈스턴 처칠)

174 다니엘 라핀

지혜로 살아내는 믿음

2026년 2월 10일 초판 1쇄 인쇄
2026년 2월 16일 초판 1쇄 발행

지은이 | Harry Kim
펴낸이 | 이병일
펴낸곳 | 더메이커
전 화 | 031-973-8302
팩 스 | 0504-178-8302
이메일 | tmakerpub@hanmail.net
등 록 | 제 2015-000148호(2015년 7월 15일)

ISBN | 979-11-87809-64-7 03230